R. W. B. McCormack

Mitten in Berlin

Feldstudien in der Hauptstadt

Verlag C. H. Beck

Mit 32 Abbildungen

McCormack, R. W. B.:
Mitten in Berlin : Feldstudien in der Hauptstadt / R. W. B. McCormack. – München :
Beck, 2000
ISBN 3-406-42150-4

ISBN 3 406 42150 4

Gesamtherstellung: Kösel, Kempten
Gedruckt auf säurefreiem, alterungsbeständigem Papier
(hergestellt aus chlorfrei gebleichtem Zellstoff)
Printed in Germany

Inhalt

Fremd in Berlin

Mehr als 600 000 lieferbare Titel meldet der Börsenverein des Deutschen Buchhandels; ganze 2300 davon gehen über Berlin. Diesem schandbaren Mißverhältnis aufzuhelfen, unterstehe ich mich mit diesem Bändchen. Der willige Leser wird etwas erfahren über das Prenzlauer Bergvolk und die neuen Urbaniten, über Laubenkolonisten und Sanierungsnomaden, die von einer bezahlbaren Bleibe zur nächsten ziehen. Meine ganzheitliche Vorgehensweise wird sich mit Baulöchern und Gebäudekuppeln ebenso beschäftigen wie mit Erzählcafés und Kleintierambulanzen. Das ureigenste Thema aber ist das Herz der Hauptstadt, sein sittlicher Zustand an der Schwelle zu einem neuen Jahrtausend.

Anders als mein Landsmann und Kollege Paul Radin, der über ein halbes Jahrhundert hinweg die Winnebago-Indianer von Wisconsin beforschte, ließ ich es mit zwei einwöchigen Expeditionen sein Bewenden haben. Immerhin übertraf ich damit Goethe um mehr als das Doppelte. Der Dichterfürst hatte es in Tegel gerade fünf Tage ausgehalten.

Aus der Fachliteratur war mir bekannt, daß man sich Berlin als ein riesiges Notgebilde mit einer Ausdehnung von 5177 ½ märkischen Meilen vorzustellen hatte. In dieses Areal am östlichen Rand des deutschen Sprachraums würde eine Stadt wie München dreimal hineinpassen. Die anfängliche Beklommenheit bei der Vorstellung, ein so großes Gemeinwesen zu betreten, ließ sich nicht verhehlen, zumal mit einer komplexen Topographie zu rechnen war. «Selbst die wirklich sandigten Gegenden sind öfters waldigt», heißt es in Friedrich Nicolais Beschreibung der königlichen Residenzstadt. Anfangs verließ ich mich auf Meßtischblätter, später auf neu erworbene Ortskenntnisse, die dank unfreiwilliger Umwege zunahmen. Der Prozentsatz richtiger Wegauskünfte lag unter fünfzig Prozent. Manche Angaben waren in ihrer Vagheit unbrauchbar («immer an der Wand lang»), andere offenbar aus Böswilligkeit falsch («drei Treppen hoch in' Keller»).

Der geborene Berliner Max Liebermann hatte seine Adresse am Pariser Platz 7 beim Brandenburger Tor noch recht simpel beschreiben können: «Wenn Se rinkomm' in Berlin, gleich links». Inzwischen gibt es 12783 Straßen mit einer Gesamtlänge von 5131 Kilometern, darunter fünf Bismarckstraßen, sieben Ahornalleen, neun Charlottenstraßen, zehn Bahnhofstraßen und elf Hauptstraßen. Die Orientierung wird nicht gerade dadurch erleichtert, daß Straßen, Plätze und ganze Viertel dauernd umbenannt werden, etwa Horst-Wessel-Stadt in Bezirk Friedrichshain. Die Wilhelmstraße hieß zeitweise Otto-Grotewohl-Straße, dann Toleranzstraße, jetzt wieder Wilhelmstraße. Nach dem Berliner Straßengesetz dürfen nationalsozialistische und kommunistische Ortsnamen geändert werden. Deshalb heißt die Ho-Chi-Minh-Straße im Bezirk Lichtenberg jetzt Weißenseer Weg und die Johannes-R.-Becher-Straße in Pankow Breite Straße. Nach sorgfältiger Prüfung gab eine Kommission einer Giftmischerin den Vorzug vor einer Kommunistin und benannte die Clara-Zetkin-Straße in Dorotheenstraße um.

Warum die Kronprinzenallee zur Zeit Clayallee heißt und die Allee der Kosmonauten jetzt Springpfuhlallee getauft wurde, konnten wir nicht in Erfahrung bringen. Von selbst wären wir nicht darauf gekommen, daß die Tucholskystraße früher Artilleriestraße hieß. Taxifahrer müssen fleißig Zeitung lesen, wollen sie auf dem laufenden bleiben. Die historisch Bewanderten wissen, daß es sich bei Frankfurter Bahnhof, Schlesischer Bahnhof, Hauptbahnhof und Ostbahnhof um ein und dieselbe Station handelt.

Die Toponomastik hat also ihre Tücken. Das Arbeiterquartier Schöneweide im Bezirk Treptow ist landläufig als Schweineöde bekannt. Es ist damit zu rechnen, daß die Umbenennungen ihre Dynamik behalten. Erstens werden die bislang bloß numerierten Straßen nach und nach mit Namen versehen. Kürzlich ist aus der Straße 55 die Lutizenstraße geworden.* Zweitens entstehen ununterbrochen Bürgerinitiativen, die auf Namensänderungen drängen. Die akademisch gebildeten Bewohner der Lansstraße – dort liegen Institute der Freien Universität – sind mit ihrem Straßennamen nicht mehr einverstanden, seit sich herumgesprochen hat, daß Admiral Wilhelm von Lans während des Boxeraufstands ein Kanonenboot befehligte. Wann sich gegen den antisemitischen Namenspatron des Henry-Ford-Baus auf dem Universitätsgelände Protest regt, ist eine Frage der Zeit.

Wenige Ortsnamen sind es, die dem Forschenden die Arbeit erleichtern: Daß der Verband der Schriftsteller in der Dudenstraße residiert und die Feministische Partei ihren Sitz in der Manteuffelstraße hat, leuchtet unmittelbar ein. Doch daß der Zitadellenweg gerade nicht zur Spandauer Zitadelle führt, sondern zur Niederlassung einer Autofirma, wollte uns als Schikane vorkommen, ehe wir gewahr wurden, daß die falsche Ausschilderung unverbesserliche Rudolf-Heß-Pilger in die Irre führen soll.

Der Volksschriftsteller Ludwig Ganghofer war seinerzeit beim Bahnhof Friedrichstraße in ein Bordell geraten, das er für ein Hotel gehalten hatte. Mit Fassadengläubigkeit kommt man hier nicht weit. Das Hotel Adlon gehört Kempinski. Tennis Borussia ist ein Fußballklub. Im Tränenpalast am Reichstagufer kommen lustige Shows zur Aufführung. Die Stadt ist voller Paläste, die keine sind:

* Die Lutizen waren ein keltischer Stamm, der vor rund 1000 Jahren südlich von Berlin siedelte.

Admiralspalast, Friedrichsstadtpalast, Femina-Palast. Der Tanzschuppen wird zum Tanzpalast, der Waschsalon zum Waschpalast. Der heruntergekommene Wohnsilo an der Pallasstraße – dort stand einst der Sportpalast – ist unter dem Namen Sozialpalast bekannt. Die 11. Grundschule Prenzlauer Berg alias Heinrich-Schliemann-Schule alias Luisenstädtisches Gymnasium wurde bei der Einweihung als neuer Schulpalast gefeiert.

Ein weiteres Irritans sind in Meilen ausgedrückte Längenmaße: Prachtmeile, Amüsiermeile, Kunstmeile, Geschichtsmeile, Nobelmeile, Kultmeile ... Die Strecke zwischen Schloßplatz und Brandenburger Tor heißt nicht ohne Grund Attentatsmeile. Im Stadtteil Neukölln soll die Karl-Marx-Straße zu einer attraktiven Einkaufsmeile umgestaltet werden. Jeder Bezirk legt es heute darauf an, wenigstens eine Flaniermeile sein eigen zu nennen. Über kurz oder lang wird es mehr Flaniermeilen als Flaneure geben.

Eine letzte Erschwernis für den Forscher ist das eigentümliche Verhältnis der Einheimischen zu ganzen Zahlen. Die vier Figuren auf dem Turm des Schöneberger Rathauses werden als die fünf Sinne angesprochen. Mit einem Sechser sind fünf «Fennje» gemeint. Das Gleisdreieck mitten in der Stadt entpuppt sich als normales Schienenkreuz. Das Schlimmste sind die Hausnummern. Vor langer Zeit gefiel es einem Stadtpräsidenten, sämtliche Häuser durchzunumerieren, um das Auffinden einer Adresse zu erleichtern und sich nicht mehr mit Angaben à la «Er wohnt hinter dem Observatorium» oder «Er wohnt auf der Neustadt in der letzten Straße» herumschlagen zu müssen. Jedes Haus wurde mit einer Nummer auf wohlgestalteten Blechen versehen, und zwar fing man an mit dem Schloß als der Nr. 1 und zählte fortlaufend bis zur nächsten Querstraße, dann ums Eck und rechts ums Karée herum und weiter im Zickzack durch die ganze

Stadt bis zur Nr. 6906, das war die Charité. Die Folge: Einander gegenüberliegende Anwesen trugen stark voneinander abweichende Hausnummern. Eine spätere Modifizierung des Systems sollte mehr Eindeutigkeit bringen. Doch wer den geschichtlichen Hintergrund nicht kannte, mußte annehmen, Hausnummern wären zur Täuschung allfälliger Invasoren angebracht worden. In der Gleimstraße zwischen Wedding und Prenzlauer Berg trugen elf Häuser die Nummer 9. Eine Nr. 9 war von der Nr. 10 sechshundert Meter entfernt.

Noch heute empfiehlt es sich, bei Adressen äußerste Sorgfalt walten zu lassen und neben der Straße und der Hausnummer auch Hof, Aufgang und Etage zu nennen, also zum Beispiel Gneisenaustraße 2a, 2. Hof, 3. Aufgang, 5. Etage. Als Komplikation tritt hinzu, daß pro Woche 115 Hausnummern geändert werden. Letztlich vermag der Feldforscher seine Aufgabe nur mit digitalen Lageplänen zu bewältigen.

Feldstudien sind ein Korrektiv für die Überheblichkeit reiner Schreibtischethnologen. Ein theoriegeleitetes Vorgehen ist insofern problematisch, als der gängige Strukturalismus mit seinen binären Oppositionen (roh – gekocht) sich nur bedingt eignen will. Wohl wird eines der Hauptnahrungsmittel durchwegs in zwei Formen angeboten (mit/ohne Darm). Doch spätestens beim Sexualverhalten wird klar, daß man in Berlin von mehr als zwei Geschlechtern ausgehen muß.

Methodisch erstreckt sich das Spektrum von der Soziometrie bis zum Mitschnitt von Stadtgeschwätz. Die lokale Sprache gibt einige Rätsel auf. Einheimische verwenden für die Affirmation statt eines einfachen Ja lieber Ausdrücke wie «Dicke!», «Feste!» oder «Selbstmurmelnd». Die Verneinung wird in Wendungen wie «Nich' in de Hand», «Wohnt nich» oder «Scheibe, sagt Cicero» gekleidet. Bestimmte Formulierungen sind gegen den

Strich zu lesen. «Ach, hörnse uff!» ist eine Einladung, das Gespräch fortzusetzen. «Sie sind wohl nicht von hier?» bezieht sich weniger auf das Fremdsein als auf vermutete Intelligenzmängel. «Männeken» und andere herablassende Anredeformen ignoriert man am besten, ebenso Abschiedsgrüße wie «Schlafen Sie wohlriechend» oder «Grüßen Sie ihren verstorbenen Ziehhund».

Eine methodische Aporie besteht darin, daß kein Berliner glaubt, ein Fremder könne die Stadt aus eigener Kraft verstehen, und wenn man sie ihm erklärt, noch weniger. Rundheraus gesagt stellt der Einheimische kein dankbares Objekt für eine kollektive Biographisierung dar. Fatalistische Äußerungen wie «Lebenslauf, ick erwarte dir» oder «Von der Wiege bis zur Bahre sind die meisten Lebensjahre» erweisen sich als recht unergiebig. Die ortsübliche Apperzeptionsverweigerung kann sich lähmend auf den Forscherehrgeiz legen («Det weeß ick nich und will ick ooch nich wissen»).

Mitten in Berlin wurde ich einmal von einer Stimmung gepackt, die ich zuletzt in den Weiten Kanadas verspürt hatte. Nicht «Who am I?» lautete da die Frage, sondern «Where is here?» Solcherlei Anfechtungen lassen sich überwinden, sofern man bereit ist, dieser Stadt und ihren Wundern unbefangen zu begegnen und sie auf sich wirken zu lassen. Wo sonst liegt ein Krankenhaus neben dem Friedhof, ein Gefängnis in der Freiheitsstraße und ein Ratskeller im Obergeschoß?

Es stimmt, die Forschungsbedingungen sind nicht immer ideal. Die Kommunikation in den ausgewiesenen No-go-areas wäre weniger problematisch gewesen, hätten wir in den Kabinen nicht eine telefonlose Schnur vorgefunden und statt dessen ein schnurloses Telefon mitgeführt. Doch sind dies Äußerlichkeiten. Schwerer wiegt, daß es fast unmöglich war, eine tragfähige Arbeitshypothese zu erstellen. Denn Berlin ist, einem klugen Beobachter zufolge, selbst eine Arbeitshypothese und, möchte man hinzufügen, nicht zufällig Sitz der Stiftung Kopfschmerz. Eines kann man axiomatisch sagen: «Berlin bleibt doch Berlin» ist reines Wunschdenken. Eher sollte man davon ausgehen, daß der Satz «Wer Berlin hat, hat Deutschland» auch umgekehrt gilt.

Umatac (Guam), am 9. 9. 1999

Geschichte

Über die Rüdersdorfer Kalkberge waren wir gezogen, hatten den geschrammten Muschelkalk mit einem Tröpfchen Salzsäure zum Aufschäumen gebracht und wußten: Wir befanden uns auf dem richtigen Weg. Weiter ging's durch eine kuppige Moränenlandschaft, hier einem Leitfossil ausweichend, dort uns duckend vor einer der typischen Erlenbruchpflanzen, bis uns von den Kranichbergen ein Blick auf das weite Berliner Urstromtal vergönnt war. Die geognostische Beschreibung des Geländes war ab dem Punkt kein Problem mehr. Im Sand unter unseren Füßen hatten Archäologen warmzeitliche Faunareste gefunden. Das Skelett des *Brachiosaurus brancai* harrte im Museum an der Invalidenstraße, der *Dactylosaurus schroederi* in der Geologischen Sammlung zu Spandau.

Nach der zweiten Elstereiszeit waren Mammut und Nashorn zurückgewichen. Menschliche Wesen drangen ins Spreetal vor und gründeten auf einer Insel ein Fischerdorf. Die Urhorde südlich der heutigen Gertraudenstraße verlebte *in illo tempore* eine paradiesische Zeit. Gründungsmythos müßte eigentlich eine schauerliche Tat sein. Diese geschah aber erst 1970, als behördlicherseits die ältesten Behausungen abgerissen und auf der gesamten Fischerinsel Hochhäuser errichtet wurden.

Im Rahmen des germanischen Ausgriffs hatten die Siedler in emsigem Schaffen die Ungunst des Bodens überwunden. Der Berliner Grund besteht zum einen aus Sand und Kies von nicht erbohrter Mächtigkeit, zum andern aus Geschiebemergel und schließlich aus Moorbildungen über weichseleiszeitglazialen bis holozänen Fluß- und Bachsedimenten. Der Name Berlin leitet sich vom slawischen *Brl* her, das heißt Marsch. Der Tunnel des Bahnhofs Friedrichstraße führt zum Beispiel durch eine Moorinsel des Eberswalder Urstromtals. Es ist kein Geheimnis, daß Faulschlamm und Geschiebelehm sich in Berlin nicht nur unter der Friedrichstraße befinden, sondern auch unterm Kurfürstendamm, der als Knüppelpfad über Sumpfgebiet führte, bis er auf Kosten der Deutschen Bank gepflastert wurde.

Bis ins 17. Jahrhundert hinein machte die Stadt nicht viel her. Dann aber setzte ein bis dahin nicht gekanntes *mushrooming* ein. Binnen eines Jahrhunderts stieg die Zahl der Häuser von 835 auf 1059. In diesen Häusern lebten Hofschranzen, Bürger und Schutzverwandte, das heißt solche, die kein Land kaufen und kein Gewerbe ausüben durften. Der Soldatenkönig ließ eine Mauer errichten, um Zölle besser eintreiben und die Uniformen Ihro Majestät bezahlen zu können. Der Rock des Soldaten war damals noch wirklich bunt. Militärs trugen rote Röcke mit blauen Aufschlägen, gelbe Westen und goldene Achselklappen. Die Offiziere des Husarenleibregiments waren mit Tigerdecken angetan, auf den Mützen wippten Reiherfedern. Unter dem Alten Fritz kam ein Soldat auf sechs Einwohner. Mit Vorliebe hat der preußische Staat im Zeitalter des Imperialismus ausländische Besucher zur Einschüchterung mit hinaus aufs Tempelhofer Feld genommen, wo das Militär exerzierte. Scheich Amur von Sansibar und viele andere bekamen den erwünschten Schreck und merkten: Es hat keinen Zweck, sich gegen die Kolonialherren aufzulehnen.

Wie erinnerlich, zeitigte die Revolution von 1848 ein wichtiges Ergebnis: Ab sofort durfte der Citoyen auf der Straße rauchen. Zwanzig Jahre später wurde die Stadtmauer abgerissen, weil sie ein Verkehrshindernis darstellte und man Platz für neue Wohnungen brauchte.

In den letzten Jahrzehnten des 19. Jahrhunderts nahm die Bevölkerung noch einmal zu. Die Einwohnerzahl von Charlottenburg vervierfachte sich, diejenige von Schöneberg stieg sogar auf das Achtfache. Grenzstreitigkeiten zwischen den Bezirken waren die Folge. Die Demarkationslinie zwischen Charlottenburg und Wilmersdorf mußte mehrfach neu verhandelt werden. Und der «Zujang vons Land» hielt an. Nichtberliner oder «Außerhalbsche» aus dem umliegenden Speckgürtel oder aus weiter entfernten Landesteilen wuchsen sich in den 1920er Jahren für die Hiergeborenen zum Problem aus.

Berlin ist nicht der Ort, um den Atem einer unversehrten Vergangenheit in sich aufzunehmen. Das meistdiskutierte Ereignis des Jahres 1933 war das Pokalspiel zwischen Tennis Borussia und Hertha BSC. Es mußte wegen Dunkelheit abgebrochen und neu angesetzt werden. Wenig Beachtung fanden zu dem Zeitpunkt die Pläne der Nazis, Berlin nach völkischen Grundsätzen umzugestalten und voraussichtlich im Jahre 1950 als *Germania* neu einzuweihen. Ein Walter Ulbricht diskutierte im Saalbau Friedrichshain gegen Goebbels, und ein Erich Honecker saß in der heutigen Niederkirchnerstraße in Gestapohaft. Doch der Durchschnittsberliner gab sich gelassen: «Eh' ick mir die Rübe abhacken laß, jloob ick an den Endsieg.» In jedem dritten Kreuzberger Hinterhof wurden fleißig Rüstungsgüter hergestellt, bis die Alliierten dem ein Ende bereiteten. Aus Berlin wurde Groß-Kaputt bei Potsdam.

Nach der Kapitulation dauerte es zwölf volle Tage, bis das Colosseum an der Schönhauser Allee wieder einen Kabarettabend veranstaltete, und erst nach Jahren ging dort zwischen den verkohlten Skeletten der Häuser eine Matinee unter dem Motto «Sonntagmorgen ohne Sorgen» über die Bühne. Zwischen 70 und 90 Millionen Kubikmeter Schutt galt es zu beseitigen. «Hitlers Gesammelte Werke» hießen die Trümmer im Volksmund. «Der Ziegelschutt Berlins stellt ein Stück chinesischer Mauer dar, die, zehn Meter dick, zwanzig Meter hoch, von Berlin bis Hannover reichen würde», kalkulierte ein Professor der Architektur. Die Gesamtschadensumme belief sich auf 5073 Milliarden Reichsmark. Zum Glück war das unterirdische Berlin, das 36,5 Prozent des Friedenswertes der Stadt ausmachte, unbeschädigt geblieben oder wenigstens reparaturfähig.

Berlin mutierte zu einer Stadt der Warenhäuser – hier war'n Haus, und da war'n Haus. Man merkte, daß die Calauer Straße in Reinickendorf heil geblieben war. Zunächst wurde der Kulturkreis in vier Sektoren aufgeteilt, später zwei *moieties* daraus gebildet. Jede *moiety* pflegte ihre eigenen Symbole. Ostberlin wurde Hauptstadt eines Staatsgebildes, das der freie Kulturanthropologe Thomas Kapielski zwar als Arbeiter- und Bauerndingsbums rühmte, in dem aber die Firma Horch & Guck die Fäden zog. Westberlin wurde Vorposten der Freiheit. Wachsamkeit hieß die Parole. Einen «Ballon für den Frieden» von Greenpeace stufte die Alliierte Kommandantur flugs als Kriegsmaterial ein. Die Schutzmacht USA bemitleidete die Opfer kommunistischer Gewaltherrschaft und rächte sie auf der anderen Seite der Weltkugel.

Berlin hatte schon vor dem Ersten Weltkrieg dem Amerikanismus gehuldigt. Bestimmte Habitualisierungen schliffen sich ein. Die Szenezeitschrift *zitty* spricht heute noch von der *amerikanischen* Menschenrechtserklärung. Die Amerikabewunderung ist allgegenwärtig. Auf der Fahrt nach Potsdam sahen wir von der S7 aus neben dem Bahndamm die Konföderiertenflagge der sklavenhaltenden Südstaaten wehen. Bloß der Bezirk Zehlendorf ist ein anti-amerikanisches Nest. Als die G.I.-Siedlung auf dem Düppeler Feld erweitert werden sollte, protestierten und prozessierten die Zehlendorfer, als hätte es Luftbrücke und Marshallplan nie gegeben.

Zur Überraschung des damals regierenden Bürgermeisters war Präsident Kennedy mit dem Bau der Mauer einverstanden. Eine geplante Autobahn nach Rostock

Die Unzufriedenheit mit dem Regime in Pankow nahm immer krassere Formen an – Aktivisten der FDJ (1989)

wurde in senkrechter Form um Berlin herum aufgestellt, umweltverträglich und oberflächenschonend, wie die Herren aus Pankow behaupteten. Aus Ostberliner Sicht war die Mauer eine pioniertechnische Anlage mit einem vorderen Sperrelement und ideologisch gesehen ein anti-faschistischer Schutzwall. Westberliner definierten das Bauwerk als sozialistischen Schamgürtel oder als Walters Bruchband. Abfinden wollte man sich damit nicht. Zwischen dem Wedding und Prenzlauer Berg wurden Fluchttunnel bergmännisch vorangetrieben. Schimpfworte flogen über die Mauer: «Ihr Sachsenschweine», «Rotärsche!», «Ihr Ostsäcke», «Bisexuelle». Junge Frauen machten den Grenzern über den Schutzwall hinweg amouröse Angebote: Wenn schon keine politische, dann doch wenigstens die geschlechtliche Vereinigung.

Ein Ostberliner mußte ein hohes Klassenbewußtsein haben, wollte er an der DDR nicht irre werden. Die Staatsführung war entschlossen, jeglicher Diversion zu widerstehen. In der Kanalisation wurden Stacheldrahtverhaue errichtet, der Todesstreifen hell ausgeleuchtet, der Sand vor der Mauer auf sechs Meter Breite fein geharkt, um Fußspuren zu erkennen. Als der Verleger eines Massenblattes an der operativen Naht zwischen zwei Gesellschaftssystemen eine 20stöckige Konzernzentrale errichtete, konterten die Ostgoten mit 25stöckigen Wohnhäusern und verlangten fortan einen Mindestumtausch satz genannten Eintritt von jedem, der den östlichen Teil der Stadt betreten wollte.

Das sogenannte Lenné-Dreieck gehörte zu Ostberlin, lag aber auf Westberliner Grund. Zu beiden Seiten der Mauer verlangte eine wachsende Zahl von Menschen eine Reduktion von Komplexität. Ein Theatermann, der bereits unter Goebbels gut funktioniert hatte, wünschte sich einen Weg zurück nach Groß-Berlin. Sein Wunsch ging schneller in Erfüllung, als er und die meisten geglaubt hatten, obwohl sich mit dem Untergang der DDR ja nur die marxistisch-leninistische Lehre vom Absterben des Staates bewahrheitete. Die Mauer fiel, die Einkehr der Normalität wurde mit dem Ruf «Wahnsinn!» begrüßt. Die Ursachen der Wende sind nach wie vor Gegenstand diskursiver Erörterungen. Daß sie heilsam war auch für Westberlin, das gerade im Begriff stand zu verlottern, wird von niemandem bestritten. *Test the West* löste den Drang nach Osten ab. Prompt wurde der Todesstreifen zum Cityerwartungsland oder wenigstens zur nichtamtlichen Bierdosendeponie. Die westdeutsche Siegerkaste trat auf und verkaufte ein Modell Deutschland, das sich fast schon überholt hatte. Wie einst in Weimar schlugen die Besserwisserparteien ihr Programm an die Litfaßsäulen.

Westberliner, denen unter dem Besatzungsstatut für den Besitz eines feststehenden Messers die Todesstrafe drohte, wurden nun mit Zapfenstreich, öffentlichem Gelöbnis und anderen Geistererscheinungen beglückt. Ein Anti-Militärisches Oberjubel-Komitee und ein Büro für ungewöhnliche Maßnahmen wollten sich auf karnevaleske Art gegen die drohende Militarisierung stemmen. Umsonst. Die Bonner hatten ihre Umzugskartons noch nicht ganz ausgepackt, da gab es schon Krieg. Reste der Mauer wurden zur Rarität und mußten unter Denkmalschutz gestellt werden. Einzelne Betonelemente erzielten sechsstellige Summen. Ein Team unternehmungslustiger Männer plante eine Welttournee mit Mauerteilen.

Nicht lange nach dem *annus mirabilis* setzte die deutsche Wiedervereinigung ein. Ein Westberliner klagte einem Freund in Hamburg: «Die reißen die Mauer ab, ich wohne jetzt in der DDR.» Zonis wurden ausgegrenzt, weil sie Kiwis samt der Schale aßen. Erste Stimmen verlangten eine neue Mauer. Ein Wessi schrieb im Internet: «Ich will 10 cm dickes Panzerglas, damit die Scheiß-Ossis auch sehen, wie gut es uns geht und wir sie trotzdem noch verarschen können.» Umgekehrt sehnten Ostberliner sich nach Jugendradio, Rotkäppchen Cuvée und den guten Früchtebrotschnitten zurück. Gab es keinen Schutz vor den ewigen *Kalk*shows der vom ZDF gelenkten Konterrevolutionäre? Ein Dr. Erich Hohn-Egger sah in der Wiedererrichtung der Mauer die beste Lösung, der Verschmutzung von Gehwegen durch Kaugummi ein Ende zu bereiten. Die extremste Form von Rückbildungsgymnastik erlaubte sich ein Internet-User, der die Mauer an den deutschen Ostgrenzen von 1914 hochziehen wollte.

Aktion
Wiederaufbau der Mauer

Am 20. Juni 1991 stimmten 662 Abgeordnete über den Sitz der Hauptstadt ab. 337 waren für Berlin, 320 für Bonn, 5 hatten die Frage nicht verstanden. Schon früher waren Sitzungen des Bundestags in Berlin anberaumt worden. Günter Neumann ahnte, warum:

Da man nich weeß, ob sich nich doch
in Zukunft wat erjibt,
drum ham se hier manövermäßig
Hauptstadt schon geübt.

Jetzt ersetzte das melodische «Berlin» endgültig die phonosymbolische Kraft von «Bonn». Dem ersten Bundeskanzler wäre diese Entwicklung gar nicht recht gewesen. Konrad Adenauer war mit Berlin zerfallen und zog jedesmal die Vorhänge des Waggons zu, wenn er die Elbe überquerte. Das neue Abgeordnetenhaus im Bezirk Tiergarten wäre Parlamentariern wie Merkatz, Storch, Pferdmenges oder Wuermeling gut zu Gesicht gestanden – vorbei. Zunächst wurde stundenlang debattiert über Form und Tiefe der Bleistiftrillen in den Beamtenschreibtischen. Viele Bonner wehrten sich dagegen, daß jetzt zusammenzog, was zusammengehörte. Diese Immobilität hatte zum Teil mit Immobilien zu tun. Andere hegten Zweifel, ob ihr Bonner Bäderabonnement auch in Berlin

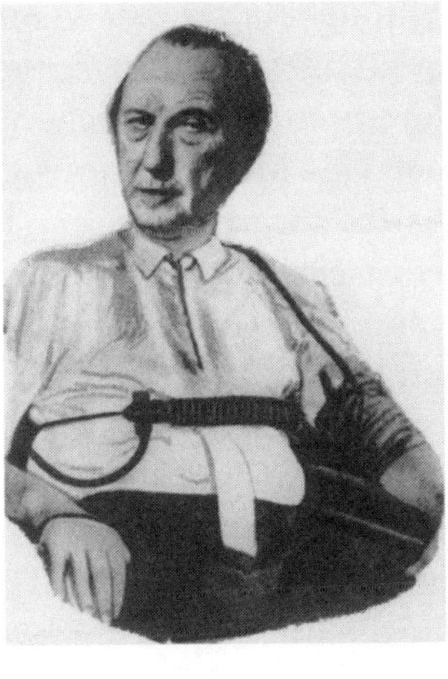

Seit seinem Lügendetektortest (1957) war Adenauer den Berlinern gram

Gültigkeit haben würde. Wer nicht gleich ein Reihenhaus im Grünen mit Blick aufs Ministerium ergatterte, nahm den Spottnamen Rhein- und Rausländer in Kauf und flog übers Wochenende heim.

Eingeborene Berliner argwöhnten, die Zuzügler würden ihre heimischen Sauf- und Verkleidungsrituale mitbringen. Als während des ersten Karnevals in den Amtsstuben der Hauptstadt alles ruhig blieb, meldete der *Berliner Kurier* erleichtert: «Die Narren sind noch alle in Bonn.» Sorge bereitete der Umstand, daß die Ministerialbürokratie in alte Nazibauten einzog. Würden die bösen Geister sich bemerkbar machen? Gestandene Demokraten wiegelten ab. Nur kälter und amerikanischer würde es ab jetzt zugehen. Sprachlich hatte man sich längst angepaßt an den Amerikanismus. Der Senat machte sich intensiv Gedanken über das künftige Image der Stadt, über «the making of Berlin» und wer dieses Making bezahlen soll.

Historische Elemente werden im Merkmalskranz der Weltstadt ihren Platz finden. In Kreuzberg stehen nach wie vor die Kasernen des Garde-Cürassier-Regiments und des 3. Garde-Regiments zu Fuß. Die Quadriga auf dem Brandenburger Tor gemahnt nach Auskunft eines Ortsansässigen an den Dreißigjährigen Krieg unter *Napoleum*. Für bestimmte Epochen ließe sich noch eine Vertiefung der Geschichtskenntnisse vorstellen. Auf die Frage «Was halten Sie von Hitler?» haben Ausländer schon zur Antwort erhalten «Ich kannte ihn nicht näher». Den Stadtvätern vorzuwerfen, das Geschichtsbewußtsein ihrer Bürger wäre ihnen egal, wäre ungerecht. Im Gegenteil, Berlin ist voller Gedenkstätten und geschichtsträchtiger Straßennamen, und der Tourist stolpert vom Spanienkämpferdenkmal in Friedrichshain zum Sowjetischen Ehrenhain in Treptow, vom Rudi-Dutschke-Weg in Dahlem zur Kissingerstraße in Schmargendorf.

Zum 50. Jahrestag der Luftbrücke tauschten als Schmuggler verkleidete Angehörige der Schulspeisungsgeneration Schwarzmarktware. Trümmerfrauen räumten Schutt weg und amerikanische Soldaten verteilten Kaugummi und Schokoriegel. Im Zuckermuseum an der Amrumer Straße wurde derweil die Auschwitzdose gezeigt, ein Behälter mit Zyklon B, ein Giftgas, das bei der Zuckerherstellung anfällt.

Im Interesse der Vergangenheitsbewältigung mußte das eine oder andere Artefakt verschwinden. Ein großes Stalindenkmal ist ohne viel Aufhebens im Stahlwerk Hennigsdorf eingeschmolzen worden. Das Bild des Kommunismus wird im kollektiven Gedächtnis blaß und blässer. Die *Berliner Zeitung* kündigte einen Vortrag des Leiters der illegalen KPD in Südfrankreich unter dem Titel «Deutsche Kommunisten in der Renaissance» an.

In der Clayallee, beim Alliiertenmuseum, zieht ein Denkmal die Augen der Kenner auf sich. Fünf sehnige Rösser setzen über ein paar Betonbrocken. Motto: *The Day the Wall Came Down.* Diese Skulptur ist ein Geschenk des amerikanischen Volkes an das deutsche Volk zur Erinnerung an den gemeinsamen Einsatz für Freiheit und Demokratie. Gestiftet wurde das Denkmal von der Readymix Beton GmbH, die dem Anschein nach auch die Pferde gegossen hat.

Der Urberliner

Wer hierorts physische Anthropologie betreiben will, muß sich auf eine andere Begriffswelt einstellen. Die Nase ist eine Gurke, die Beine heißen Spazierhölzer oder Kackständer, und Schweineritzen nennt man Augenschlitze nach Alkoholmißbrauch. In einem frühen anthropometrischen Dokument aus dem Jahr 1442 wird eine Liebesdame unter dem Namen «Else med den langen tytten» vor Gericht gestellt. Im Anatomischen Theater sind heute noch die Skelette der beiden größten Soldaten des königlichen Garderegiments zu besichtigen. «Der Zwerge und Krüppel bemerkt man wenige», schrieb ein anatomisch geschulter Autor im Jahr 1826. Trotzdem wurden Heilanstalten für Verwachsene eingerichtet, zum Beispiel an der Spittelbrücke. Dort konnten Verkrümmungen meist schon auf mechanischem Wege beseitigt werden. 1875 untersuchte der große Rudolf Virchow die äußeren Merkmale Berliner Schulkinder und kam zu dem Ergebnis, daß ein höherer Prozentsatz braune Augen und braune Haare besaß als Kinder in anderen Städten des Reiches. Der Kopfindex ist unauffällig. Immerhin wird der Kopf als wichtigster Körperteil erachtet und deshalb auch Hauptgebäude genannt. Ein Kind ohne Kopp, so die landläufige Redensart, bleibt ein Krüppel zeitlebens. An der Wende zur neuen Zeit faßte der Dichter das Aussehen der Basispersönlichkeit wie folgt zusammen:

Statt der Nase ein Kupferbergwerk
Statt der Ohren eine Schmalzstube
Statt des Gesichts ein Gurkenbeet
Sülzkotletts statt der Beine.

Der Kragen eine Kalkleiste
Die Glatze eine Sardellensemmel

Durch die O-Beine kann man
Ein Kommißbrot schmeißen.

Scheffler hielt den Berliner einesteils für physiognomielos, dann wieder behauptete er: «Über alle Männerantlitze ist gleichmäßig die Maske des Materialismus gebreitet.»* Manche wollen Gesichter wie ein zerquetschter Eimer oder wie ein angeknabberter Kirschkuchen ausgemacht haben. Sicher ist nach derzeitigem Forschungsstand, daß der Berliner sich gerne abfällig über das Aussehen seiner Mitbürger äußert. Da hat einer ein Maul, daß ein Frachtwagen darin umkehren könnte; er trägt Schuhe, die so groß sind wie Kindersärge; er ist so dick, daß man die Grieben auslassen müßte. Oder jemand sieht überhaupt aus wie eine «uffjewärmte Leiche». An Frauen wird ein noch strengerer Maßstab angelegt:

Häßlichkeit entstellet immer,
Selbst das schönste Frauenzimmer.

Als Begründung für die Betonung der äußeren Erscheinung wird gerne vorgebracht «lieber doof als pucklig, det sieht man nich so». Es ist ja auch kein Zufall, daß ein Berliner den Begriff *body-building* geprägt hat und daß Hanteln, Schenkelspanner und andere Muskelmaschinen zu jedem besseren Haushalt gehören.

Der Berliner alten Schlags ist stolz auf seine freie und ungezwungene Lebensart und Ausdrucksweise. Pseudometaphysisches Deutschdunkel verdrießt ihn. Er liebt kein Getue nicht und gibt sich respektlos, wo er kann. Bereits 1845 kam es zur Gründung des Vereins der Nichthutabnehmer. Optimismus ist *de rigueur.* Die Frage «Wie geht's?» wird mit «Verflixt gut» beantwortet. In ihrer Weigerung, Tragik zur Kenntnis zu nehmen, ähnelt die Ur-

* Karl Scheffler, Berlin – ein Stadtschicksal, Berlin 1989 (1910), Seite 134

bevölkerung den amerikanischen Pionieren: «Et is noch een wahret Glück, dat bei det Unglück glücklicherweise keen Mallör nich passiert is.» Das aktive Leben ist eine Selbstverständlichkeit. Konsterniert stellte ein Besucher aus Wien fest: «Auf keiner Bank des Tiergartens sitzt ein richtiger Nichtstuer. Er liest entweder oder rechnet im Sand.»

Das Leib-Seele-Problem wird so gelöst: «Der Geist ist willig, doch die Beene sind bammelig.» Im Grunde ist dem Berliner Angst aber fremd, höchstens grault er sich. Grenzsituationen werden bewußt herbeigeführt. «Det jeht entschieden wieder nich weit jenug!» Die Denkfiguren sind einfacher, wenn nicht zirkulärer Natur («Was der Mensch braucht, muß er haben») und münden mitunter in Verismen aus («Ein stiller Mensch bleibt ruhig»). Anders als der Bayer («Mehra sog I ned») ist der Berliner redselig und meinungsfreudig. Nach jedem zweiten Satz streut er ein «Wa?» ein, um sicherzugehen, daß der Gesprächspartner ihm folgt. Er beherzigt den alten Kolonistengrundsatz, sich nicht verblüffen zu lassen, und handelt nach der Maxime je kesser, je besser. Uns war diese Einstellung lästig, weil der forscherische Blick mehr als einmal mit dem Satz «Woll'n Se mir janz sehn?» beanstandet wurde. Im Interview sind die simpelsten Fragen oft nur unbefriedigend beantwortet worden.

> «Wie alt sind Sie?»
> «Weeß keen Mensch, kommt auch nie raus.»

oder

> «Wie viele Kinder haben Sie?»
> «Wat müßt ick da für'n Kopp haben!»
> (scil. wenn ich mir alle merken wollte)

Im stillen hält er alle Leute außer sich für dußlich. Nur er hat genügend Puste, eine Sache durchzustehen.

Der Besserwisser als lokaler Typus ist lange vor der Wende entstanden. An einer Imbißbude trumpfte ein Wurstesser zwischen zwei Happen mit dem Satz auf: «Ich empfehle, sich das Land China anzusehen.» Der Wichtigkeitsnimbus wird gewahrt, indem man sich konstant unbeeindruckt zeigt. Ein Berliner weilte zu Besuch am Starnberger See. Sein bayerischer Gastgeber erläuterte ihm das Alpenpanorama und schloß mit der eher rhetorisch gemeinten Frage: «No, is des schee?» Darauf der Berliner: «Ick weeß nich, nehm' Se die Berge weg und den See, und es is jar nischt Besonderes.»

Der Wunsch, stets das letzte Wort zu haben, führt in der Alltagssprache zur Praxis des Nachklappens. An eine Phrase wird auf Biegen und Brechen ein Nachsatz angehängt.

Dieselbe Kulör in Grün – bloß 'n Schein dunkler.

Da schlag eener lang hin – und steh kurz wieder auf.

Mein Name ist Hase, ick weeß von nischt – und kann meine Aussage beschwören.

Über einem sanierten Geschäftsviertel sahen wir das Transparent WILLKOMMEN IN DEN HECKMANN-HÖFEN und darunter in kleiner Schrift *Augen zu und durch*. Eine Altrockband wirbt auf Plakaten seit Jahrzehnten mit dem Spruch DIE PUHDYS KOMMEN. Fast ebenso alt ist der handschriftliche Zusatz *Nichts wie weg*. Vom herrschenden Umgangston gewannen wir einen Eindruck, als wir erstmals das Landesarchiv betraten und uns suchend umsahen. Eine Angestellte, die unsere Unschlüssigkeit bemerkte, fragte nicht etwa «Kann ich Ihnen helfen?» oder wenigstens «Wo möchten Sie denn hin?», sondern «Wo glauben Sie denn, wo Sie hinmöchten?» Manches, was sich unhöflich anhört, ist nicht so gemeint und darf keinesfalls aus dem Zusammenhang gerissen werden:

«Mein Herr, halten Sie die Schnauze – oder die Ohren des Schweines für schmackhafter?» Allerdings wird niemand leugnen, daß sich leicht ein abweisender Ton in den Alltagsdiskurs einschleichen kann. Einem unserer deutschen Kollegen war folgendes widerfahren: Er hatte einen Heizungsmonteur bestellt, der zu so unerwartet früher Stunde eintraf, daß das Bett noch nicht gemacht war. Der gefeierte Germanist entschuldigte sich für die Peinlichkeit, worauf der Monteur versetzte: «Na, ick wer's Ihn' ooch nich machen.»

Der juvenile Aboriginal ist *excitable* und muß sich quasi mit den Worten «keene Uffrejung» ständig selbst dämpfen. Aus Empörung möchte er am liebsten auf die höchsten Akazien klettern. Daß eine mit Säbelbeinen und Revolverschnauze ausgestattete Person über ein Maß an Aggressivität verfügt, kann nicht verwundern. Mißliebige Zeitgenossen werden mit dem Satz «Is det vorne bei Ihnen» angeherrscht. Die einschlägige Literatur führt Schweinepriester als «leichtes Schimpfwort». Uns sind leider so schwere Beleidigungen zu Ohren gekommen wie «Leck mir die Bollen», was so viel heißen muß wie «Laß mich in Ruhe».

Die Grobheit kann bis zur Herzlosigkeit gehen. Zumal der Berlinerin ist schon vorzeiten eine unerbittlich bodennahe Gesinnung attestiert worden. Nehmerqualitäten sind im Vergleich weniger gut entwickelt, man könnte sogar sagen, daß die Berliner ausgesprochen verletzlich sind und rasch beleidigt reagieren. Nachbarskinder führten im Hof ein Kasperletheater auf. Als einer der Zuschauer es wagte, in einen Apfel zu beißen, wurde die Vorstellung sofort abgebrochen.

Der reife Berliner wundert sich über *janüscht* mehr. Von dem, was er hört oder sieht, glaubt er nur die Hälfte. Geschichten, die ihm nicht ins Konzept passen, quittiert er mit den Worten «Det müssen Se eenen erzählen, der keene Krempe am Hut hat». Daß junge Menschen herumlaufen wie wildgewordene Handfeger, wird nur assertorisch, nicht kritisch festgehalten. «So isset nun mal eben» als Ausdruck von Schicksalsergebenheit ist die Berliner Form des *shikata ganai*. Die Lebensphilosophie der späten Jahre läßt sich als abgewandelter Anthropozentrismus beschreiben. Der Mensch soll im Mittelpunkt stehen, damit man ihm von allen Seiten in den Hintern treten kann.

Sprache

Eine Vorstellung von der Aussprache zentraler Wörter erhielten wir, als ein junges Mädchen zu seiner Mutter sagte: «Kiek mal, wie der kiekt, aber kiek jetzt nicht hin, er kiekt jrade.» Berlinerisch ist plattdeutsch ausgesprochenes Obersächsisch, man könnte auch sagen verhochdeutschtes Plattdeutsch und in seinen gemäßigten Formen für Fremde einigermaßen verstehbar. Besondere Auffälligkeiten sind die stimmlosen Lippenzahnreibelaute und die Spirantisierung des *g*. Der siebte Buchstabe des Alphabets wird im Anlaut als *j* gesprochen, was zu Bildungen wie Joethe, Jrenzüberjang oder Majenjejend führt. Die Beugung der Hauptwörter unterliegt eigenen Gesetzen: «Det Trinkgeld richtet sich nach *den* Schmerz von *die* Anjehörigen.» Im familiären Diskurs werden dritter und vierter Fall zusammengezogen: «Jib doch det Kind die Bulette.» Der mündliche Gebrauch diffundiert in die Schriftsprache hinein. In einer Zeitungsanzeige lasen wir: «Suche Studentin mit gute Kenntnisse in VBA für MS-Office 97.» Läßt man den Gebefall untern Tisch fallen, so wird doch der Genitiv gepflegt. Wie oft standen wir nicht vor der Tafel «Wegen Umbaus geschlossen», eine der meistgebrauchten Wendungen im städtischen Alltag. Wie der Genitiv wird auch das Plusquamperfekt kultiviert. Der Buchtitel *Ich war dabei* würde hier *Ich war dabei gewesen* lauten. Mit Hilfsverben geht der Muttersprachler ausgesprochen freigebig um: «Haben dun hab ick keenen, aber kriejen kann et sind, det ich welchen due.»

Der Sinn heterographischer Schreibweisen ließ sich nicht immer auf Anhieb entbergen, etwa der *SM*all Talk, der in einem Club angeboten wurde. Die Rechtschreibreform nimmt zuweilen privatistische Formen an. «Welche Frau weißt mich ein?» hieß es in einer Annonce, ver-

$g \rightarrow j / \left\{\begin{array}{c} \# \\ [+\text{vorn}] \\ r \\ l \end{array}\right\}$ —	$g \rightarrow j / \left\{\begin{array}{c} \# \\ [+\text{vorn}] \\ C \end{array}\right\}$ — V	g → j / <ge->*Morphem
	$g \rightarrow j / \left\{\begin{array}{c} C \\ \# \end{array}\right\}$ — C	g → j / <#> — <V>
		g → j / <#> — <C>
		$g \rightarrow j / \left\{\begin{array}{c} \langle r \rangle \\ \langle l \rangle \end{array}\right\}$ —
Lasch 1928: 256 Schirmunski 1962: 615 Führer 1982: 76	Rosenberg 1982: 172	Schönfeld 1981: 332

Vereinfachte Darstellung der stimmhaft palatalen Spirantisierung des Buchstaben g (gemein → jemein)

mutlich ein frischgebackener Führerscheinbesitzer. Als klare Falschschreibung wollte uns das Café Posithiv in der Alvenslebenstraße vorkommen.

Eine Negation kann augenblicklich durch eine Affirmation wieder aufgehoben werden («Nicht doch!»). Am sichersten sind dreifache Verneinungen wie «Nich im jeringsten janich». Die Neigung zu Pleonasmen und tautologischen Komposita ist unüberhörbar. Jemand hat Mut zur Courage, gibt sich einem Pläsiervergnügen hin, schreibt einen Schreibebrief oder ist gegenwärtig nicht momentan. Wer im Lokal «eine Weiße mit mit» bestellt, möchte ein Weißbier mit Himbeersaft. Was «eine Weiße mit ohne» ist, konnten wir uns zusammenreimen.

Ob die großstädtische Hast die ortsübliche Sprachverkürzung erklärt? Wenn der Abend zum *Ahmt* wird? Bei einem Verkaufsgespräch fragt die Verkäuferin «Allet?», der Kunde nickt, der Diskursanalytiker bekommt nicht viel zu tun. «Ham sem verkloppt» heißt «Sie haben ihn verprügelt» und «Ham wan jeholfen» müßte mit «Da haben wir ihm geholfen» übersetzt werden. Zu diesen enklitischen Formen gesellt sich die eigentliche Aküsprache, die aus der Senatsverwaltung für Wissenschaft, Forschung und Kultur eine Senwissforschkult macht.

Um so erstaunlicher ist die große Zahl von *sesquipedalia verba**, die einer Verkürzung widerstanden haben, jeden lernwilligen Ausländer an seiner Sprachbegabung zweifeln lassen und nur mit dem flinken Mundwerk der Ureinwohner zu bewältigen sind.

Mehrfachberechtigungsschein
Instandhaltungsrückstau
Kinderlichtbildbescheinigung
Investitionsvorrangverfahren
Personalauffanggesellschaft
Sonderabschreibungsvergünstigung
Kraftfahrzeugszulassungsangelegenheiten
Selbstbedienungsgroßraumverkaufsstelle

Als Natoflieger während des sogenannten Kosovokonflikts Jugoslawien zerbombten, schrieben junge Leute an einen Bauzaun KEINE EUPHEMISMEN FÜR DEN KRIEG. Die Dinge beim Namen zu nennen, ist eine urberliner Tugend. Daß die Abschiebung von Asylanten unter dem Begriff Aufenthaltsbeendigung erfolgt, dürfte ein einmaliger Ausrutscher sein. Das Behördendeutsch weiß gerade auf diesem Sektor sehr wohl zu differenzieren. Wie komplex der Sachverhalt ist, läßt sich daran ermessen, daß es fünf verschiedene Aufenthaltsgenehmigungen für Ausländer gibt: Aufenthaltserlaubnis, Aufenthaltsberechtigung, Aufenthaltsbewilligung, Aufenthaltsbefugnis und Duldung.

Seit dem 18. Jahrhundert finden wir sprechende Namen vor. Der Oberstallmeister bei Hofe hieß von Schafgotsch, der königliche Mundschenk war ein Graf

* Langwörter

Henkel. In unserer Zeit arbeitete ein Bordellbesitzer namens Otto Schwanz der Onomantie zu. Die älteste Lesbenbar liegt an der Kalckreuthstraße, und draußen am Scharmützelsee jagte ein Schauspieler seiner Ehefrau vier Kugeln in den Leib. Die sprachliche Ausgewogenheit wird mit paradoxen Bildungen wiederhergestellt: Da schillert das Goethedenkmal durch die Bäume, in der Bleibtreustraße nistet sich ein Ehebrecher ein, und auf der Jungfernbrücke paradieren Dirnen.

Der Altberliner verfügte über ein paar Brocken derjenigen Sprache, die er Engl'sch nannte, zum Beispiel *mixed pickles, water closet* oder *alles all right.* Heute werden Busfahrer, Politessen, Kartenverkäufer oder andere Werktätige, die mit ausländischen Besuchern in Kontakt kommen, systematisch in der englischen Sprache unterwiesen. Erste Erfolge stellen sich ein. An Touristenpensionen steht *room's vacancy,* und im Lift unseres Hotels in der Albrechtstraße mit der klassizistischen Fassade hing eine gerahmte Tafel mit folgender Information:

Dear Guest
we serve the buffet breakfast at august
in our restaurant/backyard
(in opsite of Hotel)
Enjou the morning

Englisch wird unabhängig von der ideologischen Ausrichtung in Beschlag genommen. Rechtsradikale werben mit dem Spruch *Vandale forever for Vandale,* Linksbündige kritisieren ihren kriegslüsternen Außenminister mit den Worten *You make mist.* Pauschal wirkt die Verurteilung auf dem Stierbrunnen in Prenzlauer Berg: *Fuck the System.* In der Szene ist Englisch zu einer Selbstverständlichkeit geworden. Fremde Adjektive und Partizipien werden nonchalant in deutsche Sätze gestreut: «Die queere Bewegung hat viel erreicht», schrieb die Homophilenzeitschrift *Siegessäule.* Die Oranienburger Straße sollten wir uns nicht entgehen lassen, riet uns der Hotelportier, sie werde gerade aufgechict. Die Besitzerin einer Galerie an der nahen Auguststraße erläuterte uns ihre Schätze so: «Das ist hier gefaked, das andere ist nicht gefaked, aber die hier sind gefaked.» Sämtliche Diskotheken tragen amerikanische Namen. Ihre Räumlichkeiten sind zum Trancedancen und Abchillen gestylt.

Früher hieß es, «'n bißken Französisch ziert 'n janzen Menschen». Das französisierte Berlin mit seinen Bouletten und Budiken hatte seinen eigenen Charme, doch ist die gallomanische Zeit vorbei. Gut, es gibt noch die Charité und den Gendarmenmarkt, es gibt die Changse und das Etablissemang, und hie und da brüstet sich einer mit seinem *etui pénien* aus Hanf. Doch insgesamt befindet sich die französische Sprache auf dem Rückzug. Die schöne Farbe bleu mourant hat einem kalten Reichstagsblue Platz gemacht.

Zu Mauerzeiten gelang einem Ostdeutschen die Flucht, indem er den Grenzposten mit einer Phantasiesprache so verwirrte, daß der ihn für einen aus dem Westen einreisenden Diplomaten hielt und ihn dorthin – wie er meinte – zurückschickte. Ohne Frage wirkte die Mauer auch als Sprachgrenze. Weihnachtsengel mutierten im Osten zu Jahresendfeierflügelfiguren. Schwerpunktmäßig im Westteil ist die Kanak Sprak angesiedelt, eine Mixtur aus Deutsch, Türkisch und Amerikanisch. Mit diesem Kryptolekt wollen sich Ausländer der zweiten Generation gegen die Akkulturation wehren. Ein junger Türke, der kein «Assimilkümmel» sein will und auf «brav-brav Tätschel» verzichtet, begründete seinen Standpunkt so: «Ich brauch keine Bürgerzappel und auch keine Nettallesnett, die mich angrabbeln mit ultramilder Kacke und was bräsen von Interkulti.» Versuchen Deutsche sich in der Sprache der Ausländer, wird Tarzandeutsch draus.

Hausfrauen, die im Supermarkt eine fremdländisch aussehende Verkäuferin ansprechen, lassen automatisch das Verbum weg und fragen «Wo Mehl, wo Butter?» Deutsch als Fremdsprache hat viele Tücken, und seit Berlin wieder Hauptstadt ist, sind die Einheimischen auf linguistischem Gebiet noch sensibler geworden. Ein Taxifahrer beantwortete die dialektale Redeweise eines rheinischen Fahrgastes mit Rauswurf.*

Buch, Flohkino und andere Medien haben für die neue hauptstädtische Wirklichkeit noch kein angemessenes Idiom gefunden; der Berliner ist auf sich selbst angewiesen. Er kann dabei auf die Elastizität des Berlinerischen unter allen denkbaren Bedingungen bauen. Als man in den Intershops nur mit sogenannten Forumschecks einkaufen durfte, fragten auf Westwaren erpichte Handwerker schon unter der Tür «Forum handelt es sich?» Das natürliche Sprachgefühl der Alteingesessenen erkennt Nuancen und würde niemals «passiv» und «devot» in einen Topf werfen. Probleme haben wir Externen, die Sätze wie «Da war Anritt in der Ritze» nicht einmal unter Zuhilfenahme eines Lexikons zu entschlüsseln vermögen.

Der Berliner haßt Hochdeutsch mit Streifen. Sein großes sprachliches Plus ist die Unbekümmertheit, mit der er Dativ und Akkusativ, Singular und Plural durcheinanderwirft und mit der er «det Themata» nun beenden würde.

* Tagesspiegel vom 12. Juli 1999

Die neuen Urbaniten

Der Altberliner mußte unterm alliierten Bombenhagel von seiner Großspurigkeit und der Attitüde des «Mir kann keener» Abschied nehmen; von seiner Stadt blieb nur ein Schutthaufen. Die Umerziehung sorgte dafür, daß die überlebenden Einwohner sich größerer Zuvorkommenheit befleißigten als zuvor. Abfällige Bemerkungen über Besatzer wurden geahndet. Eine Order der Berliner Kommandantura verlangte städtischen Beamten «allergrößte Höflichkeit» ab. Wer es daran mangeln ließ, flog. Die Folgen der Re-education spürt der Besucher schon bei der Ankunft am Flughafen. «Bitte bemühen Sie sich umgehend zu Flugsteig 5», heißt es in Tegel. Ostberliner wuchsen ebenfalls in neue Konventionen hinein. In einem Keramikladen am Alexanderplatz ist das Schild «Nicht berühren» gegen «Bitte vorsichtig berühren» ausgetauscht worden. Die alte Pampigkeit wird höchstens noch im Urlaub in Viechtach oder Garmisch hervorgeholt. Zu Hause ist man nett. Per Annonce suchen Hausbesitzer als Mieter «freundliche Menschen», «fröhliche Frauen» oder eine «heitere Raucherin».

Der Vorkriegsberliner bewies Stärke, er hatte «Bulljong in de Knochen». Die jüngere Generation, die Zuzügler, die Montag-bis-Donnerstag-Berliner sind anders gebaut. Man könnte sie für Scheinberliner halten, doch einem alten Gesetz zufolge wird jeder als Berliner gezählt, der hier einmal «uff Tolette» gewesen ist. Neuberliner kommen aus allen Teilen Deutschlands und der Welt. Es treibt sie die Neugierde, die Angst vor dem Stillstand oder der alpine Überdruß. Dem Sog der Hauptstadt erliegen so unterschiedliche Gruppen wie der Bundesvorstand der Johanniter-Unfallhilfe oder der Stab einer deutschen Zeitschrift für europäisches Denken. Neuankömmlinge erhal-

ten Starthilfe. In einer Anzeige der Stadtpostille *tip* heißt es: «Sie sind für etwas Bestimmtes hier, aber wissen nicht, was es ist? Fordern Sie kostenlos Info an.»

Die neuen Urbaniten zerfallen grob in Bonzen, Proles, Flaneure und Gruftis. Allerdings verflüssigen sich die Grenzen zwischen Spießern und Szenegängern rapide, und viele wüßten auf Anhieb nicht zu sagen, ob sie Teilnehmer oder Zuschauer sind. Ein junger Mann aus Görlitz beantwortete die Fragc, warum er hierhergekommen sei, mit knappen Worten: «Berlin ist geil.» Dies gilt in mehr als einer Hinsicht.

Was das Äußere betrifft, so ist nach Auskunft eines führenden Kulturfunktionärs die Berlinerin «nicht ganz so schön wie die Polin». Anthropometrische Studien ermitteln eine große Zahl von Neuberlinerinnen mit langen unteren Extremitäten nach akzelerierter Longitudinierung. Gegelte Haare sind ein transsexuelles Phänomen, bei Männern setzen sich Kahlschur oder halbschürige Formen durch: vorne Skinhead, hinten Irokesenschopf. Man trifft auch die Garçonne mit Igelschnitt an, dazu Hornbrille und lila Latzhosen. Der alte Demokratenbart von 1848 weckte Aggressionen und reizte Andersdenkende. Noch zu DDR-Zeiten waren Bärte nicht gesellschaftsfähig, und im Ostfernsehen durften Mannsbilder mit Bart nur gezeigt werden, wenn sie nicht mehr am Leben waren. Dieses Tabu ist mit der Mauer gefallen. Der Regierende Bürgermeister tritt zwar stets glattrasiert auf, doch die männliche Einwohnerschaft probiert sämtliche Spielarten durch. Eine der interessanteren Varianten findet man unter Ravern, die ihren Kinnbart zu mehreren, meistens drei Zöpfen flechten oder zwirbeln und mit Schlauchklemmen stabilisieren.

Männer wie Frauen tragen Armbänder aus Elefantenschwanzhaaren. Das Piercen ist ebenfalls eine Angelegenheit für beide Geschlechter. Vor alters war es Damen verboten, «mit ungeschützter Hutnadel» die U-Bahn zu benützen. Heute haben sich Fahrgäste viel gefährlichere Gegenstände durch alle möglichen Körperteile gepierct. Mehr noch: An der Haltestelle Vinetastraße standen vor uns auf der Rolltreppe zwei Männer mit Wurfspießen.

Über die ganze Stadt verstreut sind Tätowierungsinstitute. Eine Tätowierung* ist ein Körperschmuck mittels winziger, eingefärbter Stiche. Sie soll dem Betrachter eine bestimmte Botschaft übermitteln. Die hinters Ohr gestochenen Worte «Stolz und Treue» demonstrieren Adlerschwingenpatriotismus. Angeblich gibt es Frauen, die sich einen Schmetterling aufs Gesäß haben tätowieren lassen. Doch liegen hier wegen mangelnder Überprüf-

* *recte:* Tatauierung

Artikel des täglichen Bedarfs am Mehringdamm, Ecke Gneisenaustraße

barkeit die Grenzen der Forschung. Gleiches gilt für die Infibulation.

Eine kritische Stimme meinte, die Berliner Mode ließe sich am besten mit negativer Dialektik fassen, indem man nämlich feststellt, was fehlt. Immerhin konnten wir einige wiederkehrende Muster erkennen: Stretch-Ware in Neonfarben; Lack- und Latexhosen; baggy-pants im Stil der Pluderhosen des 16. Jahrhunderts; Schuhe und Strümpfe im Retro-Look und immer wieder struppige Beine in roten Pumps. Neuerdings füllt der Schottenrock das vaterlose Vakuum des Mannes. Der 1896 gegründete «Verein für die Verbesserung der Frauenkleidung» verdient Bewunderung wegen der Selbstlosigkeit seiner Mitglieder. Wohl wirken hier an die hundert Modeschöpfer,

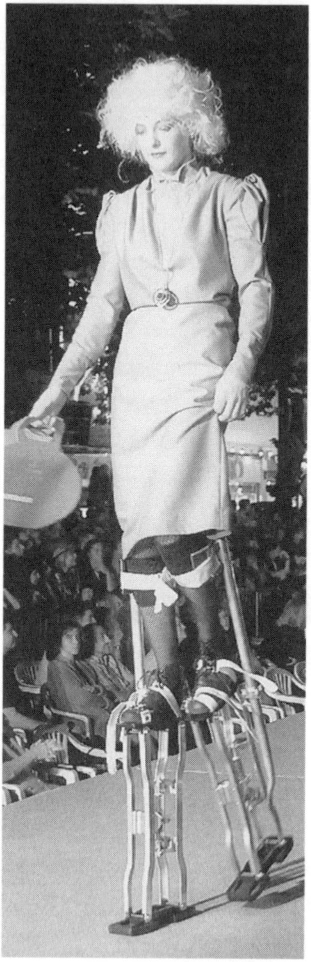

Sommerliche Modenschau auf dem Kurfürstendamm – wann schlägt Quantität in Qualität um?

doch ohne sichtbaren Erfolg. Der letzte große Couturier ist 1982 abgewandert, die Nachwuchskräfte haben es schon wegen ihrer komplizierten Namen schwer, sich durchzusetzen: Matthias Augustyniak, Inez van Lamsweerde oder Vinoodh Matadin.

Eines läßt sich mit etwas gutem Willen sagen: Der Neuberliner achtet darauf, daß er nicht ganz scheiße aussieht. Technoshirts und Cargohosen sind gängige Bekleidungsstücke. Beim Patchworkstil müssen die Einzelteile in verschiedenen Second Hand Shops so lieblos zusammengekauft worden sein, daß sie keinesfalls zueinanderpassen und einen schrägen Eindruck vermitteln. Eine leidlich bekannte Sängerin solfeggiert im grauen Abendkleid zu Turnschuhen. Römerlatschen genannte leichte Sandalen sind ursprünglich von den Ostgeborenen getragen worden, haben sich aber über das ganze Stadtgebiet ausgebreitet. Ebenfalls aus der Ex-DDR stammt die Modefarbe schwarz. Im Sozialismus wurde aus der Not eine Tugend, weil bestimmte Tuche nur noch schwarz umgefärbt werden konnten. Im Lokal «Ständige

Vertretung» am Schiffbauerdamm bekaspert allabendlich ein Schock schwarzbetuchter Dreißigjähriger die Tagesneuigkeiten. Bestimmte Stadtteile wirken – selbst im Hochsommer – wie die Mea Shearim. Werden die Tage kürzer, steigen die Ziffern bei Unfällen mit Personenschaden.

Zum zehnjährigen Jubiläum des Mauerfalls veranstalteten junge Stylisten eine thematische Modenschau mit dem Ziel, das richtige *Wall-Feeling* zu erzeugen. T-Shirts wurden mit Fotos aus der Zeit der Teilung bedruckt. Mauerbröckchen dienten als Accessoires. Die schönsten Modelle in Schwarz und Beige sind ins Internet gestellt worden. Wenig später fand auf dem Ku'damm eine Modenschau mit einem mehr als einen Kilometer langen Laufsteg statt, aber noch schlug Quantität nicht in Qualität um.

Einer unserer ersten Kontakte war ein städtischer Senator. Er trug sein persönliches Patchwork auf: kariertes Sakko, gestreiftes Hemd und eine maienhaft geblümte Krawatte. Nachts ergibt sich ein anderes Bild. Für die Vigilien und Nocturnen werden maghrebinische Kaftane und thailändische Sarongs, deutsche SS-Uniformen und Wehrmachtsgasmasken herausgeholt. Ein Insider verriet uns, daß Gummiknüppel und Handschellen nicht nur für den Polizeibedarf benötigt werden, wollte aber keine Einzelheiten preisgeben. Ebenso dunkel blieb seine Andeutung, in der Stadt gebe es Zellen konsequenter und unnachgiebiger Sklavenhaltung.

Ältere Berliner stellen das Denkvermögen der nachwachsenden Generation im stillen in Frage und vermuten, sie hätte Müsli oder andere Substanzen im Kopf. Dem empirischen Befund nach ist freilich die Anzahl von Sülzköppen gleichmäßig über die Alterskohorten verteilt. Im Großraum Berlin dürfte die Kapielski-Gleichung gelten, nämlich Einfallspinsel gleich Ausfallspinsel, was intellektuelle Höchstleistungen nicht ausschließt. Ein Busfahrer machte glaubhaft, er habe einen Intelligenzquotienten von 135, sei Mitglied im Verein hIghQ und lese die Vereinszeitung *Klugscheißer/in.*

Laut Sprachstatistik ist das Großsprechertum auf dem Rückzug und hat einem merkwürdigen Verkleinerungswahn Platz gemacht. Der Kellner begrüßt den Gast mit Tachchen, das heißt Guten Tag. Der Tourist oder Touri trinkt ein Schulli oder Schultheiß und zahlt mit einem Fuffi oder Hunni. Die Infantilisierung hat die Toponomastik erreicht. Der Kottbuser Platz wird zum Kotti, der Nollendorfplatz zum Nolli und der Stuttgarter Platz zum Stutti. Psychogrammatisch gesehen hat der neue Typ mehr Herz als Schnauze, doch ist eine endgültige Kategorisierung schwierig, da die Grenze zwischen dem Kognitiven und dem Affektiven durchlässig geworden ist. «Emotionen können ziemlich dumm sein», belehrte uns eine Studentin der Betriebswirtschaft, Nebenfach Interkulturelle Kommunikation. Am ehesten könnte man noch sagen, daß es sich beim phänotypischen Neuberliner um

Geiles Schuhwerk gehört zur Grundausrüstung des Flaneurs

einen emotionalen Mehrkämpfer handelt, der sich mit dem Motto «Alles kann, nichts muß» durchs Leben hangelt. Beruflich und privat ein Oberflächenbenutzer, ist er dem *easy living* zugetan. Einen unserer Nachbarn sahen wir einmal seine Wohnung verlassen: vierschrötig, eine Ballonmütze auf den verschwitzten Haaren, ausgelatschte Schuhe an den Füßen und auf dem Rücken seiner Lederjacke die Worte CASUAL FEELING. Auf dem Arena-Gelände trafen wir ihn wieder. Dieses Terrain an der Treptower Eichenstraße ist deshalb so beliebt, weil es ein kultiger und peaciger Platz ist, der sich ideal zum Chillen eignet.

Nicht nur die Jüngeren neigen dazu, den natürlichen Tag-Nacht-Rhythmus außer Kraft zu setzen. Zu unserer Überraschung waren viele Lokale um Mitternacht nicht schon leer, sondern noch leer. Aber morgens um 6 Uhr 30 kann man die Nachtschwärmer lebhaft parlierend in den Straßencafés der Beusselstraße und in Alt-Moabit beobachten.

Der Typ des Flaneurs lebt wieder auf, im Cyberspace und auf den Chausseen, auf den Freßmeilen im Bezirk Mitte, auf den Einkaufsmeilen zwischen Schöneberg und Charlottenburg, auf der Schönhauser Allee in Prenzlauer Berg. Spitzenreiter ist die Tauentzienstraße mit einem *throughput* von 7000 Personen pro Stunde. Einige dieser Flaneure sind wohl eher Schwadroneure, andere möchte man mangels Beschwingtheit für normale Passanten halten, und unter den sogenannten Ganztagsflaneuren dürften sich etliche der 400000 Rentner befinden. Ein Termin mit einem sachkundigen Informanten platzte, weil diesem gerade ein neues Hüftgelenk eingesetzt worden war und er sich außerstande sah, den Schlendergang vorzumachen.

Sich in körperliche Handicaps zu schicken, lehnt diese dynamisierte Generation ab. Wohl sind dem Bundesverband kleinwüchsiger Menschen als Lobby gewisse Grenzen gesetzt, doch hat fast jedes Stadtviertel sein Institut für Schlankwickeln, und daß die erste Weltkonferenz für nasenplastische Chirurgie in Berlin stattfand, ist auch kein Zufall. Trotz des vielfältigen Angebots leben auch hier Leute, die kreuzunglücklich sind. Von der Einsamkeit des modernen Großstadtmenschen kündigen Anzeigen wie diese:

!!! Ich bin hier allein !!!
Liebes Modell, ab 9 Uhr
Tel. [redacted]

«Gerade diejenigen», vertraute uns ein Kollege der Freien Universität an, «die stets einen auf coole Sau machen, denen flasht auf einmal der ganze Kram weg.» Woher kommt das? Viele verzweifeln am sozialen Imperativ der fraktalen Lebensgestaltung. Wer sein Leben nicht fraktal lebt, wird nicht für voll genommen. Gerade die Neuzugezogenen wollen doppelt zeitgemäß sein und zerbrechen. Wieder zusammengeleimt, machen sie kein Hehl aus ihrem Überdruß an der *other-directedness*. Aufs Fraktale angesprochen, sagen sie «Nee, ha' ick keen Bock» oder «Lieber Molle und Milljöh». Das Berliner Zentrum für selbstbestimmtes Leben zählt 25 Mitglieder mit steigender Tendenz (1999).

Im Quartier hinterm S-Bahnhof Friedrichstraße ziehen Leute mit Anzug, Schlips und Aktentasche ein. Der Schlabberlook weicht einer maßgeschneiderten Berufsgarderobe. Es ist nicht auszuschließen, daß Neuzugänge zur Berliner Basispersönlichkeit zurückfinden. Das Leben ist «ein in die Zukunft zürnendes Denkmal verschollener Wunder» orakelte der Philosoph Ludwig Klages. Er hielt es für möglich, daß sich im aktuellen Einzelleben die Urbilder erneuern.* Die alte Berliner Knauserigkeit kehrt

* vgl. Berliner Monatsschrift, Februar 1994, Seite 98f.

wieder ein. Zu einem Schnäppchenmarkt mit dem Motto «dress with discipline» strömten die Käufer scharenweise. Ständig werden gebrauchte Schläppchen und Trikots von Tänzern gesucht, egal in welchem Zustand. Ein Inserent sucht eine neugierige Frau, bei der er sich duschen kann («Bringe mein eigenes Handtuch mit»). Preisbewußte nehmen in der Sauna den günstigen Montagstarif wahr: zwei Personen in einer Kabine. Reinlichkeit wird wieder groß geschrieben: «Suche Waschmaschine und Frau, die sie bedienen kann.» Sogar die Tugend, die Preußen groß gemacht hat, erlebt eine Wiedergeburt: Genauigkeit um ihrer selbst willen. Ein Rechtsanwalt klagte beim Berliner Verwaltungsgericht die Nachzahlung von sechs Pfennigen ein, weil bei der Berechnung seiner Anwaltsgebühren falsch abgerundet worden war.

Bauen ...

Berlin ist eine offene Stadt. Die Zahl der Baugruben nimmt eher zu als ab. Schon der erste moderne Stadthistoriker hatte den Eindruck gewonnen, es bestünde die männliche Bevölkerung hauptsächlich aus Bauunternehmern und ihren Gehilfen. Noch heute ist eine der mächtigsten Lobbies der Fachverband Kies und Sand, Splitt, Mörtel und Transportbeton. Die Baustellenkultur umgibt etwas Permanentes. Kinder werden früh an sie herangeführt. Davon zeugt der pädagogisch betreute Abenteuer-Bauspielplatz an der Kollwitzstraße.

Jeder fertiggestellte Bauabschnitt wird festlich begangen. Nach Infotainment und Edutainment hat sich das Architainment mit Imbißbuden, Gauklern, Blaskapellen und Trapezkünstlern herausgebildet. Ein hoher Festtag war die Eröffnung des Reichstags. Bis zuletzt herrschte Unsicherheit, ob die Abgeordneten zu den ersten Sitzungen nicht in Gummistiefeln würden anrücken müssen. Dann setzte der Ansturm der Besucher ein. Die Sanitäter vom Roten Kreuz hatten alle Hände voll zu tun mit der Behandlung von Schwächeanfällen, Verstauchungen und Blasen an den Fersen. Solchermaßen war der Andrang, daß Teile des Gebäudes nach dem Tag der offenen Tür renovierungsbedürftig waren. Nicht erst seit der Wende ist die Baustelle eine Schaustelle. Der Berliner hat sich immer schon zu Baugruben hingezogen gefühlt. Als zwischen Treptow und Stralau ein Tunnel unter der Spree gegraben wurde, kamen die Neugierigen in Scharen. Modernes Baustellenmarketing zu Besichtigungszwecken wird professionell in *public-private ownership* betrieben.

Daß die ersten Berliner Bollwerke und Festungen fünfeckig waren, erkennt man noch am pentagonalen Grundriß der Hackeschen Höfe, des Spittelmarkts und der

Daimler City. Typischer wurde die Blockrandbebauung, die bei einer Straßenbreite von sechs Ruten und einer Traufhöhe von 22 Metern – der Minimalhöhe für erfolgreichen Suizid – Grundstücke ohne Zwischenräume und Vorgärten komplett zubaute. An der Vorderfront standen die ansehnlichen Bürgerhäuser mit geräumigen Wohnungen, in den kasemattenartigen Rückgebäuden hauste die Arbeiterschaft. Die Hinterhöfe mußten eine Mindestfläche von 27 Quadratmetern ausweisen, um der Feuerwehr das Wenden zu gestatten. Trotzdem sind sie wegen ihrer Enge mit Postillonstiefeln verglichen worden. Friedrich Engels meinte, Berlin sei «von außen wirklich schön, selbst in den Arbeitervierteln Palastfronten. Was aber dahintersteckt, davon schweigt man am besten». Der Volksmund schwieg nicht: außen Stuck, innen Muckefuck.

Der Baustil blieb bis tief ins 20. Jahrhundert hinein eklektizistisch. Man findet alles, von der Regierungsbaumeistergotik an den großen Transversalen über die Schlichtheit hinfälliger Gassen bis zu den Marmorimitaten aus Rüdersdorfer Kalk und Weißkäse am Schloß Friedrichsfelde. Böswillige sahen im Durcheinander der Fassaden die Verirrung eines rohen Kolonialpöbels. Andere fanden Gefallen an den durchmischten Bauformen aller Zeiten und Länder. Ein besonders anschauliches Beispiel sind die U-Bahnhöfe. Die Station Nollendorfplatz gehört mit ihren Pylonen aus Muschelkalk zur römischen Stilrichtung. Die Haltestelle Schlesisches Tor ist ein Renaissancebau. Der Bahnhof Oskar-Helene-Heim wurde im Landhausstil gehalten, und den Haltepunkt Dahlem-Dorf schmückt gar ein Reetdach.

Nach dem Zusammenbruch machte sich verklinkerte Einfallslosigkeit breit. Eine Ausnahme bildete die kühn geschwungene Kongreßhalle, die freilich wieder einstürzte. Das ehrgeizig hochgezogene Märkische Viertel in Reinickendorf konnte nicht überzeugen und wurde bald als Merkwürdiges Viertel bespöttelt. Die Baumeister der DDR warfen in der Marienstraße und anderswo Kratzputz auf klassizistische Fassaden. Das kulturpolitische Wörterbuch definierte sozialistische Baukunst folgendermaßen: «Der Klassencharakter der Architektur im Sozialismus wird dadurch bestimmt, daß die spezifischen Gesetzmäßigkeiten der sozialistischen Gesellschaft in ihrer Architektur einen adäquaten baukünstlerischen Ausdruck

Die Hackeschen Höfe – ein Musterfall urbaner Eleganz

erhalten.» Pedanten sahen in dieser Vorgabe die perfekte Tautologie, doch wer sich umsah, konnte verstehen, daß die in Montagebauweise erstellten Plattenbauten die volkstümliche Bezeichnung Arbeiterregale nicht zu Unrecht trugen. Auch das Nikolaiviertel, eine neue Altstadt mit Puppenstubenflair, wurde aus vorgefertigten Betonteilen errichtet. Der ostzonale Städtebau mußte ein sichtbares Ordnungsprinzip aufweisen. «Völlige Regellosigkeit und Zufälligkeit der Gruppierung dagegen sind charakteristisch für die kapitalistische Gesellschaftsordnung.» Demnach hätte der Friedrichstadtpalast, der sofort mit dem aserbaidschanischen Hauptbahnhof verglichen wurde, auch dem Westen zur Zierde gereicht. Versöhnlich stimmte ferner die Tatsache, daß in Ost und West hinter den Fassaden immer das gleiche Stahlbetonskelett stand.

Ein niederländischer Baumeister, der zuerst mit einer Schrift über «Die Mauer als Architektur» hervorgetreten war, erblickte die Schönheit Berlins gerade in der architektonischen Brache und trug seins dazu bei, diesen Ein-

Die Bebauung des Mehringplatzes steht in der Tradition städtebaulicher Großformen

druck zu löschen. Postmodern geschulte Architekten holten die alte Blockrandbebauung wieder herfür. Aus den Hackeschen Höfen wurde ein urbanes Simulacrum, das mit anderen Ensembles zu einer begehbaren Benutzeroberfläche verschmolz. Wer in dieser Branche mitspielen wollte, mußte mehr als die Schmierfähigkeit seiner Maschinen nachweisen können, er mußte das Baumeisterdeutsch beherrschen und glaubhaft machen, daß es ihm um eine Mischung aus Wohnen, Arbeiten und Leben ging; daß er es verstand, einen historischen Ort mit zukunftsträchtigen Technologien auszustatten; daß er die Berliner Luft mit amerikanischer Atmosphäre anzureichern vermochte; daß er ein kreatives Ambiente schaffen, Offenheit für Innovation herstellen, marktführende Partner sonder Zahl anlocken und Qualität bis ins Detail liefern konnte.

Bei einer Ausschreibung stellen sich die Teilnehmer einer Jury, bei der nächsten wechseln sie hohl lachend die Stühle. Der erste Preisträger heimst nur den ideellen Sieg ein, der Auftrag geht gewöhnlich an einen der abgeschlagenen Bewerber. Der Sieger des Reichstagswettbewerbs hatte ein Flachdach geplant, sein unterlegener Rivale eine Kuppel. Gebaut wurde eine Kuppel. Vom Sieger. Prestigebauten werden ausländischen Baumeistern überlassen, damit den deutschen Baumeistern Vorwürfe erspart bleiben, fällt der Bau zu großtuerisch aus.

Allerorten entstehen neue Arkaden, Multiplexe und Einkaufspassagen. Weil Traufhöhe und Geschoßflächenzahl begrenzt sind, wird nach unten gebaut. Die Friedrichstadtpassagen haben fünf Kellergeschosse, und am Pariser Platz ist das Bauloch hundert Meter tief. Dort lassen die Herren der Republik bauen: DG Bank, RheinHyp Bank, Dresdner Bank, Allgemeine Hypothekenbank. Wo immer ein gemeinsamer Stil droht, kreuzt der Deutsche Immobilienfonds mit schwarzpoliertem Granit auf.

Man tuschelt, daß im Ostteil ein ehemaliger Terrorist mit dem sprechenden Namen Baumann als Bauleiter fungiert. Jede Hand wird gebraucht. Im sanierten Teil einer ehemals volkseigenen Brauerei an der Schönhauser Allee wird bald ein freundlich frischer Lebensmittelmarkt mit dauerhaft niedrigen Festpreisen einziehen. Bei den Plattenbauten versucht ein Farbgestalter zu retten, was zu retten ist und erzeugt kraft warmer Töne eine positive Grundstimmung. Mit der bewährten Lappenwickeltechnik werden nicht etwa Grün, Rot oder Blau aufgetragen, nein, Smaragd, Aquamarin und Rubin. Die Bewohner sollen sich mit ihren Häusern identifizieren können. Wer würde ein Smaragdhaus nicht einem ollen Plattenbau vorziehen.

In einer guten Stunde ist der Potsdamer Platz pulverisiert worden. Jahrzehntelang lag er brach. Nach der Wende wünschte sich das Stadtoberhaupt, daß dort die pulsierende, brodelnde Mitte der Metropole entsteht. Großzügig hob man die Traufhöhe auf 35 Meter an. Eine

Das Ballett der Kräne überm Brandenburger Tor

Automobilfirma erwarb das Gelände. Kaum waren die alttestamentarischen Flüche gegen den Dreizack verhallt, fand der Tallyman bei Ausschachtungsarbeiten 5 Kaffeetassen, 1 ABC der Zahnpflege und eine halbe Stalinorgel. Im Tagebau wurden sage und schreibe 300 Kubikmeter Beton pro Stunde verarbeitet, 30 verschiedene Betonsorten, 1,7 Millionen Kubikmeter insgesamt. Den Vorhalt, ein Betonbolschewik zu sein, verstand der Bausenator nicht als Beleidigung. Bolschewiki seien «Mehrheiten» und ein Betonbolschewik einer, der in Sachen Beton die Mehrheitsmeinung vertrat. Bei der Eröffnung des «Deutschen Betontags» im Internationalen Congress Centrum sagte der Bürgermeister, ohne Beton wäre die Entwicklung Berlins von der Mauerstadt zur Hauptstadt nicht denkbar gewesen. Niemand widersprach.

Unser Taxifahrer stufte die Architektur an der «Potze» als «ziemlich futuristisch» ein, die *New York Times* verteilte das Prädikat «fiercely elegant». Die Daimler AG hatte sich einen Ort menschlicher Wärme gewünscht und damit weder das pflanzenölgetriebene Blockheizkraftwerk noch die zaghaften Versuche mit rauschmittelarmem Hanf als Dämmstoff gemeint. Es geht die Rede, daß das Sony Center dem Platz nicht ganz unbeabsichtigt den Rücken zukehrt. Insgesamt kann man von einer gelungenen Einschüchterungsarchitektur sprechen.

Das ultimative Interface zwischen Ost und West ist aus dem Potsdamer Platz nicht geworden. Eher schon eine Fortsetzung der Mauer mit kommerziellen Mitteln oder eine Systemangleichung im Sinne des amerikanischen Traums. Als wir unsern Blick vom *Grand Hyatt Hotel* zu den *Madison City Suites* wandern ließen und von dort zum *Musical Theater* und dem *Kinocenter Cinemax,* überfiel uns fast so etwas wie Heimweh. Keine Frage: Hier war für Geld und Geldeswert ein *Business District* entstanden, in dem man nach Gefallen zum *Shopping* gehen, den *Carry-away Service* in Anspruch nehmen und die *Happy Hour* auskosten kann. Die umliegenden Lokale lassen ihre Gäste in den Vollgenuß von *Chicken Wings* in *Barbecue Sauce, Shrimps, Sandwiches* und *Burgers* kommen.

Ausgerechnet in der Gartenstraße sind die ersten Mietskasernen errichtet worden. Der afrikanische Scheich Amur bin Nasur staunte nicht schlecht, daß jedes Haus drei oder vier Stockwerke hatte und sogar in den Gruben unter den Häusern arme Leute wohnten. Die Plattenurbanistik der Neuzeit hat die Arbeiterschließfächer in Marzahn geschaffen und auf den ehemaligen Rieselfeldern von Hohenschönhausen die Bürgerintensivhaltung eingeführt. Diese Plattengebirge haben ihre eigene Folklore erzeugt. Angeblich sind die Wände in solchen Bauten so dünn, daß der Nachbar Baldrian nimmt, wenn ein Mieter Herzklopfen verspürt.

Die scharfen sozialen Gegensätze zwischen Alternativen und Arrivierten sind aufgehoben – außer beim Geld und beim Wohnen. Die Mieter in kaputtsanierten Wohnblöcken würden ihren Wandschrankfetischismus gerne hinter sich lassen und wie die Zehlendorfer «een eigenet Haus» beziehen. Ein neues Obdach zu finden ist nicht einfach, obwohl 18000 Wohnungen leerstehen und 20000 neue gebaut werden.

Wie überall lebt die Avantgarde am liebsten in Altbauten. Wenn die *dinks** kommen, werden die Tapeten gewechselt, die Mieten erhöht, die Habenichtse trollen sich. Saumseligen wird nachgeholfen, notfalls mit einer tödlichen Ladung aus der Schrotflinte.** In Kreuzberg sind sogar die Hinterhöfe von der Vermünchnerung betroffen. Wo früher eine Pantoffelfabrik die Familie

* double income no kids
** Berliner Zeitung vom 14. April 1999

ernährte, drapiert jetzt eine Maskenbildnerin vom Fernsehen ihre Räumlichkeiten in Apricot und Grünspan. Manche Hinterhauswohnung kostet schon mehr als ihr Gegenstück im Vorderhaus, erstens weil das Geschnatter von der Straße nicht zu hören ist, zweitens kann jeder dunkle Hof mit Sonnenspiegeln ausgeleuchtet werden. So wird der soziale Gradient des Lichts mit Hilfe von Helioflex neutralisiert. In der Auguststraße kann man diese Errungenschaft betrachten. Zumindest bei schönem Wetter.

Momentan ist der Stadtplan mit seinen freien Flächen ein Abbild der Sozialstruktur. Die Bautätigkeit wird noch eine Weile andauern, auf der Museumsinsel bis zum Jahr 2015. Die Bürger und Bürgerinnen haben sich damit abgefunden, wie folgender Anzeigentext zeigt:

> **= Trotz Baugerüst =**
> **Neu = 10–2 Uhr =**
> Monis Sexkino, Kaiserin-Augusta-Allee 38

An der Kunsthochschule Berlin-Weißensee wird gerade ein Studiengang «Urban Design» aufgebaut. Zu spät. Immer wieder ist gefragt worden «Braucht Berlin ein Architekturmuseum?». Die Antwort lautet: Nein, es ist selbst eines. Besorgte Bürger wollen sich mit dem Pallawatsch aus Bauten und Kulissen nicht mehr abfinden und den Wurf des Zufalls durch ein zentrales Plateau nach Art des Jerusalemer Tempelbergs oder eine aztekische Stufentempelanlage abmildern. Mit oder ohne diese Neuerungen wird Berlin im Schlußbild eine Architektur haben wie Birmingham, nur etwas monumentaler und viel teurer.

... und Abreißen

«Berlin wurde heute fertig und kann morgen wieder abgerissen werden» ist eine der Maximen, die man hier schnell lernt. Berliner sind in allen Epochen nonchalant mit historischer Bausubstanz umgesprungen. Friedrich II. ließ den Rundbau für die Kadettenausbildung durch einen rechteckigen ersetzen; das Umgekehrte wäre ihm auch eingefallen. Zum Fin-de-siècle stimmte die Abgeordnetenkammer einem Abriß mit der Begründung zu: «Auch ein Bauwerk bleibt nicht immer bestehen. Tritt ein besseres oder auch nur ein gleich gutes an seine Stelle, so wird man es verschmerzen können.» Von dieser Logik wurde ausgiebig Gebrauch gemacht. Die Abbruchpläne waren randomisiert, Rokoko und Klassizismus sind gleichermaßen berücksichtigt worden. Auch war es gleichgültig, ob in einem Anwesen einmal ernste Forscher wie Humboldt oder Leibniz oder lediglich Dichter wie Lessing und Heine gewohnt hatten.

In unserer Zeit sind disponible Gebäude wie das Prinz Albert Palais und unwiederbringliche Kleinodien wie das Bootshaus des Friedrichshagener Damenruderclubs plattgemacht worden. Ost und West standen sich beim Abreißen in nichts nach. In der DDR regierten manchmal nicht Hammer & Zirkel, sondern Spitzhacke & Abrißbirne. Auf der historisch bedeutsamen Fischerinsel Stralau blieb kein Stein auf dem andern. Das barocke Stadtschloß wurde in die Luft gejagt. In der Abrißkommission saß Kurt Liebknecht, dessen Onkel vom Balkon eben dieses Gebäudes seinerzeit die Republik ausgerufen hatte. Der Westen ließ sich auf den Potlatch* ein und sprengte die Krolloper, worauf der Osten keck ein Barockschloß in Pankow opferte.

Praktische Gründe hatte die Beseitigung der Versöhnungskirche an der Bernauer Straße. Sie verhinderte den Sichtkontakt zwischen zwei Wachtürmen. Ein politischer Hintergrund ist beim Abriß der «Ständigen Vertretung» in Niederschönhausen zu erkennen; kaum fertiggestellt, war sie wegen der deutschen Einheit überflüssig geworden. Hochpolitisch auch die Vorgänge um das ehemalige Gefängnis von Rudolf Heß in der Spandauer Hermannstraße. Nach seinem Tod wollten die britischen Besatzer verhindern, daß dort eine Wallfahrtsstätte für Neonazis entsteht, und walzten den Bau nieder. Heute steht auf dem Grundstück eine Kaufhalle, die nur in puncto Ladenschluß kontrovers diskutiert wird.

Die rege Abrißtätigkeit hat im Stadtgebiet für den Fremdenverkehr nutzbare Freiflächen entstehen lassen. Eine «Nichts-steht-mehr-Tour» führt den Besucher über eine Strecke von fünf Kilometern an Gebäuden vorbei, die man sich vorstellen muß, weil sie nicht mehr existieren.

* ruinöses indianisches Geschenkzeremoniell

Das Besondere ist: Hier werden alte und neue Gebäude abgerissen. Der Sportpalast, im Krieg zerstört, nach dem Krieg wieder aufgebaut, wurde bald wieder demoliert, «aus weitgehend unbekannten Gründen», sagt unser Baedeker. Neubau und Abbruch gehören zusammen wie Schall und Wahn, ja sie bedingen sich sogar gegenseitig. Eine Grundsanierung bildet die Ouvertüre zur Beseitigung. Je behutsamer eine Renovierung, desto prompter wird ein Bau dem Erdboden gleichgemacht.

Der moderne Demolitionismus ist eine ideologiefreie, parteiübergreifende Bewegung, die epidemische Formen annimmt und neuerdings auf die in der Stadt lebenden Ausländer übergreift. Polen und Ungarn reißen ihre alten Botschaften ab und bauen neue. Rationale Begründungen fehlen nicht immer. So mußten die Laubenkolonie Kürbiskern, eine alte Schmiede und eine Kohlenhandlung dem Bau eines Autobahntunnels weichen.

Ferner ist der Abbruch eine erprobte Lösung für soziale Probleme. Nach der Bevölkerungsexplosion im letzten Drittel des 19. Jahrhunderts wurde die Stadtverwaltung der zahlreichen Barackensiedlungen nicht mehr Herr und ließ sie abreißen. Heute ist der verwahrloste Sozialpalast an der Pallasstraße – wo nacheinander zwei Sportpaläste standen – abbruchgefährdet, doch wird man dem Abbruch wohl eine Sanierung vorausschicken. Gefährdet ist außerdem das ghettoartige Hansaviertel, Stolz der Interbau von 1957, sowie die Galeries Lafayette an der Friedrichstraße, weil dort in schwer berechenbaren Abständen Glasscheiben auf die Gehwege stürzen. Abbruchreife haben außerdem erlangt das Forum Hotel am Alexanderplatz sowie die Stufenbauten am Gendarmenmarkt. Wenn Renovierung ein Fingerzeig für bevorstehenden Abriß ist, muß man auch um den neuen Reichstag bangen, der den Ansturm von Architekturbegeisterten nicht unbeschädigt überstanden hat. Die Brandschatzung des Theaters «Fürst Oblomov» quittierte eine Kulturzeitschrift mit den Worten: «Na ja, hübsch waren die Räumlichkeiten sowieso nicht.» Man könnte diesen Kommentar als historisch gewachsenen Fatalismus interpretieren, zwischen den Zeilen ist aber auch frohe Erwartung herauszulesen. Der Abriß kann zur Droge werden. Das einzige Bauwerk, das verdiente, abgerissen zu werden, war die Mauer. Und gerade deren kärgliche Reste wurden zu Kultgegenständen.

Stadtpolitik und Müllbeseitigung

Ein natürliches Demokratieverständnis erlaubte es im 18. Jahrhundert allen anständig gekleideten Mannspersonen, im Parkett der Berliner Oper Platz zu nehmen; nur Rang und Loge blieben für Hof und Adel reserviert. Erst der Vormärz rief mit seinen Idealen der Freiheit, der Gleichgültigkeit und des Rauchens im Tiergarten die Reaktion auf den Plan. 1849 wurde an der Universität Berlin ein Mediziner mit einer Dissertation *De Morbo Democratico, Nova Insaniae Forma** promoviert. In einer vom demokratischen Congress in Berlin erlassenen Erklärung der Menschenrechte sah der Doktorand ein Symptom dieser Krankheit, ihren Ursprung in Ansteckung und krankhafter Nachahmung und ihr besonderes Risiko darin, daß sich Demokratie ähnlich der mittelalterlichen Tanzwut epidemisch zu verbreiten drohe.

Daß der demokratische Geist porentief in die Bevölkerung eingedrungen ist, zeigt bereits eine erste Besichtigung der Stadt. Die offene Gestaltung des Ernst-Reuter-Platzes war als bewußtes demokratisches Symbol und Gegenstück zur Geschlossenheit der Stalinallee gedacht. (Unser Baedeker setzt allerdings etwas ominös hinzu: «Derzeit läuft ein Nachverdichtungsprogramm an.») Wo Moskau und die Leitungskader der DDR in Westberlin eine selbständige politische Einheit sahen, erklärten es die Natobündner zum Provisorium. Westberliner mußten sich jahrelang mit einem behelfsmäßigen Ausweis begnügen. Sie sahen ihre Hälfte als eine Insel der Freiheit an, die baldmöglichst wieder Festland werden sollte. Dies trat ein, als die wenigsten damit rechneten.

* Die demokratische Krankheit, eine neue Wahnsinnsform

Im Bezirk Tiergarten *(Animal Garden)*, einst kurfürstliches Jagdrevier, entsteht die Schaltzentrale der Bundesrepublik. Symbol der neugewonnenen Freiheit ist der alte Reichstag, der nicht immer den besten Ruf genoß. Kanzler Bismarck hatte seinen Hund so abgerichtet, daß er bei dem Wort «Reichstag» Kopf und Schwanz hängen ließ. Wie sollte das neue demokratische Herzstück heißen? Bundestag? Bundestag im Reichstag? Plenarbereich Reichstag? Oder gar Plenarbereichstag? Leichter als die semantische Frage waren technische Probleme zu lösen. Bundeswehrsoldaten testeten die Akustik des Hauses, so daß eine hohe Wortverständlichkeit erreicht wurde. Die richtungstreue Wiedergabe der Redebeiträge erreichte Bonner Niveau. Eine humane Geste läßt die Abluft über einen verspiegelten Trichter frei in die Atmosphäre entweichen.

Die Stadt als Ganzes muß sich an die Rolle der wiedererwählten Hauptstadt erst gewöhnen. Christos Reichstagverhüllung (*Wrapped* Reichstag) hat viel dazu beigetragen, daß dieses Gebäude von der Bevölkerung angenommen und respektiert wurde. Eine Minderheit glaubt allerdings, die Verhüllung sei einige Jahre zu früh gekommen.

Stadtoberhaupt ist ein Regierender Bürgermeister, der nur seiner Partei und seinem Gewissen verantwortlich ist. Auf eine mystisch-geistige Union mit seinem Vorgänger legt er keinen Wert, sondern ganz im Gegenteil. Als Herrscher ist er nicht der *ganz andere*. Er versucht vielmehr den Eindruck zu erwecken, ein Mann aus dem Volk zu sein. Dazu bedarf es erheblicher Verstellungskünste. Die Stimme muß modulationsfähig, die Stirn plissierbar sein. Das Lachen sollte Komödiantenblut verraten. Man hat davon gesprochen, mangels geeigneter Schauspieler einen Politiker mit dem Ifflandring auszuzeichnen.

Die Stadtverwaltung ist momentan in 23 Bezirksämter unterteilt, die sich einig darin sind, nicht zuständig zu sein. In den *Bekenntnissen Berliner Büroinsassen* wird der Fall eines Bürgers aufgerollt, der auf den Fluren des Rathauses einen epileptischen Anfall erlitt. Ein Beamter beugte sich über ihn, erfragte seine Anschrift und zog sich mit den Worten «Das ist nicht mein Zuständigkeitsbereich» aufs Dienstzimmer zurück. Umgekehrt läßt sich kein Bürokrat gerne in sein Territorium hineinregieren. Jeder Verwaltungsbezirk hat seine eigene Schuldnerberatung, und zwar nicht nur die minderbegüterten Vettern Neukölln oder Friedrichshain, sondern auch das besserverdienende Zehlendorf.

Öffentliche Gelder gehen zur Neige, beim Stadtkämmerer brennt der Hut. Die Umstellung vom Aktentennis auf eine moderne Aktenumwälzanlage hat enorme Summen verschlungen. Einst verläßliche Quellen wie die Generalsalzkasse oder die königliche Generaltobakadministration sprudeln nicht mehr. Eine Mietsteuer, mit der man sich von der Einquartierung von Soldaten freikaufen konnte, wird zur Zeit nicht erhoben. Der Senat will nun aus der Nutzung öffentlichen Straßenlands Kapital schlagen und dem Bezirk Charlottenburg höhere Marktgebühren abverlangen. Die Wende hat der öffentlichen Hand zusätzliche Lasten aufgebürdet. PDS-Abgeordnete mußten mit explosionssicheren Briefkästen ausgestattet werden. Bei der Polizei will eine «Junge Gruppe» sich ins Geschirr werfen und angesichts knapper Haushaltsmittel privates Sponsoring auftun.

In jeder Naturgeschichte des Berliners steht zu lesen, daß ihm das Nichtaufmuckendürfen gegen den Strich geht. Anders als in den Tagen des einzelgängerischen Outlaws Kohlhaas schließen sich die Berliner zwecks Durchsetzung ihrer Ziele zu Gruppen zusammen. Die Pilzkundliche Arbeitsgemeinschaft Berlin-Brandenburg verhinderte durch entschlossenes Auftreten den Abbruch eines Dammes im Naturschutzgebiet Teufelsbruch – ein

Erfolg, den keine der etablierten Parteien geschafft hätte. Im Aufwärtstrend liegt die Partei der Nichtwähler; sie sammelt gerade Unterschriften für die Teilnahme an der Europawahl. Ansonsten erweisen sich Unterschriftenlisten als nicht sehr effektiv, da Volksbegehren und Volksentscheide verboten sind. Deshalb wird es wohl auch dabei bleiben, daß trotz Protesten die Gelöbnisse von Bundeswehrrekruten weiterhin mitten in Berlin abgenommen werden. Der Vorschlag, diesen Event nach Pankow hinaus zu verlegen, wo der Pazifist Carl Ossietzky lebte und begraben liegt, war nicht gerade ein Brüller. Auch kam eine geplante Lichterkette *gegen* Asylbewerber nicht zustande. Eine ältere Form des sozialen Protestes ist die *direct action.* Der Regierende Bürgermeister wurde mit Eiern beworfen und das Bezirksamt Köpenick mußte unter Bewachung gestellt werden, nachdem Sozialhilfeempfänger dort randaliert und Beamte beschimpft und bedroht hatten.

Die 68er haben abgefrühstückt. Was noch an die Vergangenheit erinnert, ist der rote Schal eines Ex-Bürgermeisters und eine Vorliebe für die linke Maustaste. Das Rudi-Dutschke-Haus hat ein schickes italienisches Restaurant in Beschlag genommen. Bei dem Wort Filz denkt man weniger an Korruption und Nepotismus als an Gebrauchsgegenstände aus Schafwollfilz – bestenfalls an Beuys. Auf der Karl-Marx-Allee mündet die politische Kultur in die Trinkkultur ein. Bei einem prallen Fest trifft sich dort zu hochsommerlicher Zeit die Internationale der Biertrinker bei Bockwurst und Countrymusik. Nahezu alle Fraktionen und Splittergruppen sind vertreten: Radeberger, die Pilslegende Wernesgrüner, Premium Pils, San Miguel, Murphy's Irish Stout, das tschechische Staropramen und das anachronistische Roter-Oktober-Bier.

Kopfzerbrechen bereiten die drei sowjetischen Ehrenmale im Stadtgebiet. Sind es Gräber, ist für den Erhalt der

Die Unschuldsvermutung spricht für den Erhalt des Marx-Engels-Denkmals

Bund zuständig, sind es Denkmäler, muß Berlin zahlen. Der Friedrichshainer Lenin wurde bereits ein Opfer politischer Säuberung. Offen ist die Zukunft des Marx-Engels-Denkmals. Unangefochten ragt die Siegessäule empor – zum Gedenken an den Sieg über die Dänen durch Erstürmung der Düppeler Schanzen anno 1864. Auch möchte den hohlen Zahn, die Kaiser Wilhelm-Gedächtniskirche, niemand mehr missen. Dagegen ist die kupfergetriebene Quadriga auf dem Brandenburger Tor von rabiaten Jugendlichen beschädigt worden. Neue Denkmäler sind geplant für die Opfer der NS-Psychiatrie sowie ein schwul-lesbisches Holocaust-Denkmal, nachdem ein entsprechendes Sinti-Denkmal schon existiert. Ob zur Erinnerung an das Ende des Kalten Krieges ein Schabowski-Denkmal errichtet wird, ist mehr als fraglich.*

Unter Denkmalschutz steht das ehemalige Depot der Stadtreinigung am Carl-Herz-Park. Als Scheich Amur 1894 Berlin besuchte, wunderte er sich, daß es Leute gab, die nichts anderes zu tun hatten, als die Straßen zu fegen. Bis dahin war es ein langer Weg.

In unvordenklichen Zeiten wühlten Schweine im Straßendreck. Eine kurfürstliche Anordnung gegen diese Praxis war von diesen Tieren ewig ignoriert worden. Die Abkommandierung unzüchtiger Frauen zur Straßenreinigung unter Aufsicht eines Scharfrichters sollte Abhilfe schaffen. Doch kippten die Untertanen den Inhalt ihrer Nachtgeschirre weiterhin auf die Straße, statt ihn in die Spree zu gießen. Erst nach einem Machtwort des Soldatenkönigs wurden zwei Dutzend Dreckkarren angeschafft. Ihro Majestät wünschte, daß Gassenkot und Hausmüll regelmäßig fortgeschafft wurden. Der verantwortliche Gassenmeister und seine Karrenknechte wurden alle zwei Jahre versetzt, um Mauschelverhältnisse zwischen Anliegern und Müllwerken zu verhindern. Nach der demokratischen Revolution zeichnete die Stadtverwaltung für die Müllabfuhr verantwortlich. Sie heuerte für diese Zwecke brotlose Arbeiter an. Ein Feldwebel hatte den Oberbefehl, im Dritten Reich ein Obersturmbannführer.

Am fortschrittlichsten zeigte sich der Bezirk Charlottenburg. Dort wurde 1903 die Mülltrennung eingeführt. Trotzdem stieg das Müllaufkommen unaufhörlich an: täglich von einem Pfund pro Einwohner in der Kaiserzeit bis zu fünf Pfund während des Wirtschaftswunders. West-

* Der Altglienicker, Juli 1999, Seite 12

berlin wußte sich nicht mehr anders zu helfen, als seinen Müll der DDR zur Entsorgung anzubieten. Am Kölner Damm hob sich der Eiserne Vorhang für den kapitalistischen Kehricht. Der stumme Handel bewährte sich bis zur Wende.

Danach entstand ein Interregnum während dessen die Stadt mehr und mehr verschmutzte und dem Müll nur noch mit *thick description* beizukommen war. Drei Viertel der Einwohner empfanden ihre Stadt als dreckig und verwahrlost. Zehn Jahre nach dem Fall der Mauer startete die Berliner Stadtreinigung hart an der Selbstpersiflage eine Großoffensive unter dem Slogan *We kehr for you,* der besonders unter älteren Berlinern Anklang fand, weil er sie an die CARE-Pakete der Nachkriegszeit erinnerte. Daß Berlin eine Stadt ist, die sich gewaschen hat, sollte nicht mehr nur im übertragenen Sinne gelten. Man machte ernst mit der Müllvermeidung. Totgeborene Berliner unter 1000 Gramm, bisher als organischer Klinikmüll den Müllverbrennungsöfen zugeführt, wurden nun ordentlich feuerbestattet. Auf abfallarmen Großveranstaltungen sind Mehrwegtrinkgefäße zwingend vorgeschrieben. Wer sich mehr als einen Fehlwurf in einen Müllbehälter leistet, erhält Platzverweis. Ein Problem bleibt die Love Parade, weil dort die Müllcontainer von den Ravern als Tanzflächen mißbraucht werden.

Wirtschaft und Verkehr

Ein bestimmtes Wirtschaftssystem wird valorisiert, nicht aber praktiziert. Freie Marktwirtschaft ist ein Mythologem, das tief in die Ethnohistorie zurückreicht. Bereits im 18. Jahrhundert lagen auf gerissenem Fischbein und gebleichten Perückenhaaren saftige Importzölle. Schießpulver und Böhmisch Stabeisen durften überhaupt nicht eingeführt werden. Fremden war es auf allerhöchste Entschließung verwehrt, auf Seidenstrümpfen die Stadt zu betreten, da die heimische Seidenmanufaktur geschützt werden mußte.

In Zehlendorf und auf der Dorfaue in Reinickendorf sahen wir noch den einen oder andern Maulbeerbaum *(Morus alba)*. Das Exemplar an der Ecke Friedrich-/Claire-Waldoff-Straße ist ebenfalls eine Hinterlassenschaft der preußischen Seidenraupenzucht. Damals sind Burgwälle und Kirchhöfe mit Maulbeerbäumen bepflanzt worden. Seidenwurmeier wurden gratis an alle verteilt, die Maulbeerplantagen anlegen und Seidenwürmer züchten wollten. Nach dem Aufkommen wollener Strümpfe rentierte sich die Seidenherstellung nicht mehr, doch es überlebten eine Anzahl halbseidener Manufakturen. Zu den absatzstärksten Produkten zählten Degengehenke und Englische Hofpflaster, gelbe lederne Pantoffeln für Herren sowie Zuckerschachteln aus Pappe, die kochendes Wasser aushielten.

Friedrich Wilhelm I., der Reagan des 18. Jahrhunderts, gab 85 Prozent des Staatshaushalts fürs Militär aus. Im Siebenjährigen Krieg brauchte Friedrich II. so dringend Geld, daß er Steuergelder einschmelzen, mit Kupfer strecken und mit vordatierten Stempeln neu prägen ließ. Die Folge: eine kräftige Inflation. Anderwärts wurde man um einen Pfennig, in Berlin um einen Dreier angebettelt.

Die Essigdestillateure, Cichorienröster und Seifensiedermeister des 19. Jahrhunderts hatten ein gutes Auskommen. Noch besser stellten sich Kalkscheunenbesitzer und Kattunfabrikanten. In den Darmbereitungsanstalten ließ sich mit der Reinigung und Trocknung frischer Därme ein Schweinegeld verdienen. Doch für die Mehrzahl der Erwerbspersonen gestaltete sich die Daseinsvorsorge schwierig. Das Leben ist schön, aber kostspielig, lästerte man in jenen Kreisen, die als Tarifgesindel verschrien waren. Ungelernte Bauarbeiter verdienten 96 Pfennig die Stunde, kaum mehr als das Plätten eines Oberhemds kostete. Die Differenz verspielte sich oder wurde von der Lustbarkeitssteuer aufgefressen. Arbeitsplätze waren auch damals schon knapp. Der Luisenstädtische Kanal in Kreuzberg, 1848 als Arbeitsbeschaffungsmaßnahme ausgehoben, wurde 1926 wieder zugeschüttet – im Rahmen einer Arbeitsbeschaffungsmaßnahme. Produktionsbetriebe mußten sich auf neue Bedingungen einstellen, wollten sie am Ende nicht ohne pfändbare Habe dastehen. Eine Lampenfabrik in Treptow stellte nach 1933 auf Tellerminen, Bomben und Handgranaten um.

Nach dem Zusammenbruch konnte der Schwarzhandel nur mit Mühe eingedämmt werden. Ein Händler wurde angezeigt, weil er sich beim Verkauf von Kämmen zur Preistreiberei hatte hinreißen lassen. Im Ostteil der Stadt waren diejenigen, die rote Zahlen schrieben, fein heraus: sie hatten das Plansoll erfüllt. Die Planwirtschaft stimulierte die Erfindungsgabe. Weil Konnopkes Imbißbude an der Schönhauser Allee keine Kaffeelizenz besaß, wurden Pulver und heißes Wasser verkauft. Der *Mokkafix* war geboren.

Ein Betrieb nach dem anderen wurde Eigentum des Volkes. In den Hackeschen Höfen war der volkseigene «Fortschritt» untergebracht, ein Herrenbekleidungsunternehmen. Gegenstände des gehobenen Bedarfs wiederum waren mit DDR-Zahlungsmitteln nicht zu haben. Dazu brauchte es blaue Fliesen (DM 100,–) oder gar einen Bärtigen (DM 1000,–). Die Westberliner stellten sich besser, da sie einen Zitterprämie genannten Aufschlag von 8 Prozent aufs Bruttogehalt erhielten.

Nach der Wende wurden Kartoffelkombinen und andere Bestandteile der DDR per Katalog zum Verkauf angeboten. Niedere und höhere Jäger revertierten zum Wildbeutertum als rein aneignender Wirtschaftsform. Die Entwicklung ist abgeschlossen, das sozialistische Gängelband Geschichte. Von der Karl-Marx-Allee zweigen Privatwege ab. Die Spielleidenschaft greift um sich.

Die Privatwirtschaft setzt auf Diversifikation. Das Berliner Branchenregister umfaßt von Aalräuchereien bis Zylinderstifte 2800 Einträge. Starke Impulse gehen vom Erlebnismarkt aus, etwas schwächer notiert die Kopftuchkundschaft. Beim Bahnhof Zoo entsteht ein Kaufhaus mit Gleisanschluß, im Wedding das Einkaufszentrum *cittipoint*. Unter amerikanischem Einfluß bilden sich *public-private partnerships*, etwa die Firma «Partner für Berlin». Sie stellt sich in den Dienst der Imageverbesserung und legt mit dem Suchprogramm «Der freundlichste Berliner» unternehmerische Risikofreude an den Tag. Wirtschaftlichen Aufschwung verspricht man sich von sogenannten Koffergeschäften und von der Einbeziehung der Frauen in das Geschehen. Die «Berliner Aktien Ladies», ein Fraueninvestmentclub, jagen mit der Weiber List den Männern die schönsten Profite ab.

Die Hausgötzen des Merkantilismus haben auf der Mikroebene eine Menge Postershops und Klamottenläden angelockt. Der Handel mit Hanfsamen und entsprechenden Pfeifen läßt sich gut an, dasselbe gilt für Kondome aus Naturdarm für Allergiker. Es sind immer die neuartigen Produkte, die den Rahm abschöpfen. Ledergeschäfte, Lackateliers und Piercingwerkstätten haben sich hervorragend eingeführt. Der Lederschneider ist in Berlin ein Beruf mit Zukunft, und Peitschenfabrikanten erleben den größten Boom seit Abschaffung der Fuhrwerke. Daneben verblassen einige Trash-Läden, weil sie zu ostig sind. Der «Scheißladen» in der Großbeerenstraße muß voraussichtlich bald schließen, weil er den Anforderungen eines zeitgemäßen Shopping nicht mehr genügt.

Vier von zehn Berlinern leben von der eigenen Erwerbstätigkeit. Daß man auf dem Arbeitsmarkt Flexibilität zeigen muß, hat sich herumgesprochen. Ein Inserent suchte eine «flexible Frau zum Putzen». Es gibt noch einige traditionelle Berufe wie Schuhmacher oder Töpfer, Fahrradmechaniker oder Eisenbieger. Ziseleure, Gürtler und Metalldrücker haben nach wie vor ihre eigene Innung. Die Zukunft gehört freilich neuen Erwerbszweigen wie Müslihändlern und Parkhausdispatchern, Menschenaffenpflegerinnen und Hundefriseuren. Auch mit den Pfandleihern und Schuldnerberatern geht es bergauf. Bei der Beratungsstelle für überschuldete Kleingewerbetreibende und gescheiterte Existenzgründer brummt der Laden. Im Abschwung befindet sich die Kultur der Stift- und Papierbeweger – kein Wunder bei einem Büroflächenleerstand von 1,5 Millionen Quadratmetern. Gute Chancen werden durch den Regierungsumzug dem gehobenen Hauspersonal eingeräumt. In Schnellkursen lernen zukünftige Butler den Unterschied zwischen einem Bückling und einer Verbeugung und daß man nicht nur zum Herrn, sondern auch zu dessen Hund gebührend Distanz hält.

Die Tunix-Bewegung hat sich totgelaufen. Das gravierendere Problem sind die Anonymen Arbeitssüchtigen, die sich in Selbsthilfegruppen zusammenfinden, weil sie das Leben alleine nicht mehr meistern und sie sich mitschuldig fühlen an der hohen Arbeitslosenquote. Wo die Hauptverantwortung für die neoliberale Arbeitslosigkeit liegt, ist indessen unklar. Der Stadtverwaltung liegt daran, die Myriaden von Musikgruppen zu erhalten, um die Jugendarbeitslosigkeit wenigstens unter 50 Prozent zu halten. Von einer weiteren Liberalisierung der Ladenschlußgesetze erhofft man sich mehr Arbeitsplätze. Der Kaufhof am Alexanderplatz interpretierte den Verstoß gegen solche Gesetze als *civil disobedience*. Der Geschäftsführer des Unternehmens, ein Mann mit einem verwegenen Husarenschnurrbart, ließ Brot, Tee und Teebedarfsartikel zu Berlin-Souvenirs umetikettieren, welche an Sonntagen anstandslos verkauft werden dürfen. Ein Buchkaufhaus in der Friedrichstraße wählte einen anderen Weg und beförderte jeden vierten Mitarbeiter zum Chef. Chefs dürfen auch nach Ladenschluß arbeiten. Die flexibelste Lösung hat der Besitzer eines Geschäfts für Bücher und Schilder in der Gürtelstraße gefunden: «Öffnungszeiten nach Absprache oder wenn Fahne hängt.» Sollte sich das Graffiti bewahrheiten, das wir an einem Gemischtwarenladen in der Tucholskystraße erblickten: Gewinnsucht ist heilbar?

Das Erste Militär-Luftschiffer-Bataillon nahm im Jahr 1900 den Kampf gegen die Erdanziehung auf und bezog den Standort Tegel, Sitz des heutigen Verkehrsflughafens. Der Luftverkehr hat sich bislang nicht zu einem imposanten Wirtschaftsfaktor entwickeln können. Die Anfänge waren zwar vielversprechend, binnen eines Jahres verzehnfachte sich die Zahl der Starts und Landungen. Bald gab es drei Flughäfen mit Direktverbindungen nach Ulan Bator und Pjöngjang. Aber nicht nach New York. Weil potente Firmen mit ihren Stammsitzen Berlin fernbleiben und die Business Class unterbesetzt ist. Von der Holzklasse kann keine Fluggesellschaft leben. Es spricht für den Sportsgeist der Stadtväter, daß sie trotz internationaler Mißachtung einen neuen Großflughafen in Auftrag geben und sich unverdrossen dem Lufthansaweltbürgertum öffnen wollen.

S-Bahnhöfe verströmen ihren eigenen Charme

Die Erforschung des Bodenverkehrs geht zäh vonstatten. Die Beschäftigten der öffentlichen Verkehrsbetriebe sind nicht besonders auskunftswillig. Auf die Frage «Wann geht der letzte Zug nach Potsdam?» antwortete der Bahnbedienstete «Det erleben wir beede nich». Als wir einen Schutzmann fragten, wohin die Buslinie 43 fahre, erwiderte er «Wenn Se nich beiseite treten, Ihnen direkt ins Kreuz». Gutgemeinte Ratschläge à la «Steigen Sie nicht aus dem falschen Wagen» erwiesen sich bei näherem Hinsehen als wertlos. Trotz solcher Widrigkeiten konnten wir uns doch ein ungefähres Bild von der Verkehrssituation machen. Verschiedene Verkehrsmittel mußten wir nicht mehr erfassen, weil sie nicht mehr existieren. Die Benzolbahn ist ebenso ausrangiert worden wie Pferdeomnibus und Oberleitungsbus. Nicht bewährt hat sich die Dampfstraßenbahn, während die elektrische Straßenbahn zuerst ab-, dann wieder angeschafft wurde.

Die Geschichte der U-Bahn ist untrennbar mit einem zentralen Symbol des Preußentums verknüpft. Kaiser Wilhelm blieb beim Einstieg in ein Modell der AEG mit der Pickelhaube am Türrahmen hängen, worauf Siemens den Zuschlag erhielt. Die ersten Unterpflasterbahnen sind im «Berliner Verbau» errichtet worden, nämlich aus gerammten Trägerhohlwänden. Nur in den besseren Wohnvierteln lief die Bahn im Untergrund, bei den Armen genügte eine Hochbahn. Das Sicherheitssystem bestand aus einem Fahrtknüppel, der am Ende des Tunnels dem Fahrer des Gegenzugs überreicht wurde – das Zeichen, daß die Röhre frei war. Die Signaltechnik ist seither verfeinert worden. Die meisten Züge laufen vollautomatisch und sind nur fürs subjektive Sicherheitsempfinden mit Personal besetzt. Bloß die Fahrkartenkontrolleure üben noch eine echte Funktion aus. Sie taten uns unmißverständlich kund, daß sie nicht gewillt waren, Milde walten zu lassen: «Sämtliche Ausreden sind bekannt und erscheinen demnächst gesammelt im Buchhandel.» Die Berliner lieben ihre U- und S-Bahnen, erheben manche Strecken zu Kultlinien oder geben ihnen Kosenamen wie dem Balkanexpress nach Kreuzberg. Dichter preisen das Singen der Gleichstrommotoren.

Sand und Kies werden per Bahn zu den zahllosen Baustellen transportiert. Nach dem Willen der Deutschen Bahn AG soll Berlin eine schienenorientierte Metropolis werden. Für den Lehrter und andere Bahnhöfe wird eine hohe Aufenthaltsqualität angestrebt, damit sind gastronomische Betriebe und *Shopping Malls* für das beliebte Hausfrauen-Rodeo gemeint. Einen Begriff von einer schienenorientierten Verkehrspolitik haben die Bürger im Wedding erhalten: Für die Trasse des Intercity-Zugs «Overfly» durften die Grün- und Spielflächen am Mettmannplatz geopfert werden.

Berlin erweckt den Eindruck einer auto-orientierten Stadt, doch sollte sich der Betrachter nicht täuschen lassen: Bei einem Teil des Verkehrsaufkommens handelt es sich lediglich um Parksuchverkehr. Um 1900 wurde an der Kreuzung Unter den Linden/Friedrichstraße der erste Verkehrspolizist postiert. Wegen des großen Lärms mußte er sich mit einer Trompete statt mit einer Pfeife Respekt verschaffen. Aus der Pferdekutschenzeit wurde das Prinzip links überholen – rechts ausweichen übernommen. Inzwischen ist man auch wieder beim Tempo der damaligen Zeit angelangt. Wegen der Verkehrsdichte kann niemand schneller als im kurzen Trott fahren. Bei den Stauklassikern – vornehmlich auf Schnellstraßen – kommt der Verkehr ganz zum Erliegen. Neuralgische Punkte werden gemeinhin mit zusammengebissenen Plomben passiert. Für manche kam die Schließung der Automobil-Verkehrs-und-Übungsstraße (AVUS) zu früh, doch ist die Disziplin unter Verkehrsteilnehmern im allgemeinen zufriedenstellend. Wir konnten eine Reihe von Mercedesfahrern beobachten, die den Stern auf der Kühlerhaube abschraubten, selbst wenn sie das Fahrzeug nur kurzzeitig verließen. Im Interesse der Verkehrssicherheit hat sich die ehemalige DDR sogar auf eine ideologische Diversion eingelassen. Sie gestattete das sogenannte amerikanische Abbiegen: Linksabbieger bogen *vor*einander ab.

Berlin hat die höchste Motorraddichte aller deutschen Städte. Und siehe, selbst im Februar heizt die eine oder andere MZ über Dämme und Chausseen. Ein ehemaliger Innensenator führt alljährlich einen Traditionsausflug mit betagten Bikern durch. Es spricht für die Pietät dieser Sportsfreunde, daß sich nach einem tödlichen Unfall der Korso sofort auflöst.

Im Hochleistungsbereich bewegen sich Fahrradkuriere. Ihre Existenz ist bedroht, weil sie als Scheinselbständige gelten. Radwanderern bietet der Bund Naturschutz gegen eine geringe Gebühr eine «Große Tümpeltour» zu zwölf Tümpeln in den Außenbezirken an, doch kann diese Erfahrung auch im Zentrum gemacht werden, dort gratis.

Fast jedes Kind kennt hier den Satz «Faß Muttern an die Wade, jetzt geht's übern Damm». Die *Reclaim the Streets*-Bewegung will dem motorisierten Verkehr ins Auge sehen und verlorene Verkehrsflächen zurückerobern. Fußgänger besetzen Straßen, Kreuzungen oder den ganzen Senefelder Platz. Da wird dann getanzt und gefeiert, geraved und gepicknicked, bis die Gedärme zu schnurren beginnen. Euphorie verführt zur Unersättlichkeit. Kaum war an der Kreuzung Friedrich- und Kochstraße eine Rundum-Grün-Schaltung für Fußgänger erzwungen worden, schon verlangte der Schutzverein «Fuß e.V.» die diagonale Überquerungsmöglichkeit.

Im Jahresdurchschnitt wird jedes achte oder neunte Kraftfahrzeug in einen Unfall verwickelt, viele davon mit Personenschaden. Bei Unfällen mit Radfahrern wird die Ursache überwiegend von rechtsabbiegenden Lastwagen gesetzt. Unfälle mit Fußgängern wegen «Betrunkenheit» sind merklich zurückgegangen. Sie haben dieses Feld den Kraftfahrern überlassen. Am Schöneberger Willmanndamm hat sich die Firma «Autos und Weine» niedergelassen.

Führerscheinentzug muß nicht notwendig mit Alkoholmißbrauch zu tun haben. Wer seine Pappe verliert, ist oft nur Opfer eines Dummejungenstreichs geworden. Gerne wird aus der 30 auf Verkehrsschildern eine 80 gemacht.

Unfälle tragen zur Zerstreuung der Anlieger bei. Wer an einer belebten Kreuzung wohnt, lernt den Wert eines Balkons zu schätzen:

Es passieren haufenweise Unfälle. Neulich waren es sogar mehrere auf einmal. Ein Auto hat einen Motorradfahrer umgefahren, danach gab es einen Auffahrunfall mit einem Bus, und ein Radfahrer ist voll vor den Laternenpfahl gefahren, weil er sich nach dem Motorradfahrer umgesehen hat. Der Radfahrer war noch bewußtlos, als der Motorradfahrer schon wieder herumlief. Wir konnten das von hier oben alles super beobachten.*

Die Stadtverwaltung versucht durch vermehrten Straßenbau den Verkehr zu entzerren und die Unfallzahlen zu senken. Nach der Wende haben sich hier neue Möglichkeiten ergeben. Die A 113 wird über den ehemaligen Todesstreifen hinter der Mauer geführt. Der Haken: Die Autofahrer werden durch ihren Fahrstil für Kontinuität sorgen.

* Augenzeugenbericht in der Berliner Zeitung vom 31. Mai 1999

Arm und Reich

Die Doppelrahmstufe wohnt draußen im Grunewald, der vitaminreichsten Gegend. Zur Bevorrechtung durch Besitz zählt die Havanna Lounge nahe dem Gendarmenmarkt mit einem begehbaren Humidor bei 70 Grad Luftfeuchtigkeit und einem Sortiment feinster kubanischer und karibischer Zigarren. Mag der Grenznutzen des Geldes bei sehr hohen Einkommen auch sinken, es ist kein Nachteil, seine Gäste geziemend in der Präsidentensuite des Grand Westin zu DM 3400,– pro Nacht unterbringen zu können. Hotels waren immer schon Symbole des Wohlstands. Der sicherste Luftschutzbunker mit dem dicksten Beton und den bequemsten Sesseln lag unter dem Adlon.

Niedrigeinkommensbezieher werden unter dem Rubrum Mittelklasse zusammengefaßt. Sie bilden den Pulk des Wahlvolks, sind somit der Souverän. Eine Arbeiterklasse existiert nicht mehr, nur die deutschnationalen Skinheads fühlen sich der *working-class* zugehörig. Der von Heinrich Zille so genannte 5te Stand rekrutiert sich aus Sozialhilfeempfängern. Acht Prozent aller Berliner sind empfangsberechtigt. Die Arbeitslosenquote schwankt zwischen zehn und dreißig Prozent und ist besonders hoch in Vierteln, die nahe an der ehemaligen Mauer liegen. Ganz unten im Bezirksranking steht Kreuzberg. Seine Bewohner sind in den besseren Gegenden als Südostpenner verschrien. Die Obdachlosenzeitschrift *Motz* behauptet, einzelne Bezirke würden um die Ehre kämpfen, der ärgste Slum von Berlin zu sein. Die Zahl der Obdachlosen dürfte bei etwa 12000 liegen, amtliche Quellen standen uns nicht zu Gebote. Sie leben in Pennerecken, in Wagenburgen oder unter freiem Himmel bei Mutter Grün, dritter Baum, elfter Zacken.

Früher wurden «faule starcke Bettler» zur Arbeit angehalten. Witwen erhielten kein Pflegegeld, wenn sie im Konkubinat lebten. Würdige Arme konnten auf milde Gaben aus dem Mehlmagazin Sr. Majestät oder aus der Schicklerschen Zuckersiederei hoffen. In der Luisenstadt wurden an bedürftige Kinder Holzpantinen ausgegeben, bis genervte Lehrer sich über den Lärm beschwerten. Eine Weile hielt man sich an das Hamburger Modell zur Bewältigung des Pauperismus: viele Arme, wenige Hilfsbedürftige, keine Bettler. Viele Arme deswegen, weil sie auf die Löhne drückten. Ehe Bismarck andere Saiten aufzog, hielten angesehene Bürger auf ehrenamtlicher Basis persönlichen Kontakt zu armen Menschen und schätzten die Hilfsbedürftigkeit ihrer Mitgeschöpfe durch Inaugenscheinnahme ab. Diese Form der Almosenpflege wird gerade wieder modern. Lokale Netzwerke und nachbarliche Hilfe statt abstrakter Staatszuwendungen. Im Stadtgebiet gibt es mindestens 3000 Selbsthilfegruppen.

Brot und Kaffee wurden in der Schrippenkirche im Wedding verteilt. Als Dank blieben die Obdachlosen bis zur Predigt. Proteste gegen den Abbruch dieses Gotteshauses fruchteten wenig. Die Zeitung *Straßenfeger* bietet jetzt einen «Crashkurs Obdachlos» an. Gegen eine Teilnahmegebühr von 180 Mark kann jedermann unter sachkundiger Führung die Suppenküchen und Läusepensionen seiner Stadt kennenlernen.

Eine andere Utopie verfolgen die Quartiersmanager. Sie sollen kippelige Bezirke stabilisieren. Nach der Wiedervereinigung zeichnete sich in mauernahen Bezirken eine soziale Entmischung ab. Bestandsmieter und Kulturträger zogen aus, es blieben Türken, Djiboutifrauen und unangepaßte Deutsche. Diesem Trend wollen die Quartiersmanager, meist Soziologen, entgegenwirken und «die letzten, die einen geraden Satz schreiben können», zum Bleiben bewegen. Als Variante hierzu sollen die problematischen A-Gruppen, also Arme, Alte, Ausländer, Alleinerziehende und Alkis gleichmäßig auf die Stadtviertel verteilt werden. Die Normalos fungieren dann als Virusblocker gegen Krisenherde.

Eine Verbesserung der Infrastruktur streben maue Viertel mit der Genehmigung weiterer Würstchenbuden, Tonstudios oder Schießstände an. Einen nacheifernswerten Weg zur sozialen Höherstufung geht man in Oberschöneweide, ein Stadtteil, der ebenfalls unter Arbeitslosigkeit und Überalterung leidet. Das Rezept heißt, die Clubkids, sprich: Diskothekenbesucher, aus dem innerstädtischen Bereich heraus- und zum Abtanzen in die Reinbeckhallen hineinzulocken.

Wer die nächtlichen Vorgänge am Flughafenzaun nicht kennt, wird Tempelhof für einen besonders piefigen, der unteren Mittelklasse vorbehaltenen Bezirk halten. Aber auch dort ist die soziale Stratifizierung sehr ausgeprägt. Das Leben in den Clubs wird von einer Armbandhierarchie bestimmt. Am Eingang erhält jeder Besucher ein Plastikarmband. Je nach Farbe kann man ablesen, ob es sich um eine VIP, um einen geladenen Gast, um einen nicht eingeladenen, aber gratis eingelassenen Gast oder um geduldetes, zahlendes Fußvolk handelt. «Wo eine feste Ordnung herrscht», schreibt der *Tagesspiegel*, «fühlen sich alle wohl.»

In grauer Vorzeit gab es neben dem Fälschen von Münzen auch «sunst viel Sachen, die Strefflich sind». Doch manche Jahre vergingen ohne einen einzigen Mord, und nachts war die Stadt fast so sicher wie tagsüber. Wenn schon einmal die Todesstrafe ausgesprochen werden mußte, ließ sich der Scharfrichter eine humanitäre Geste einfallen: Delinquenten wurden – vom Publikum unbemerkt – erdrosselt, ehe man sie auf den Scheiterhaufen band.

Die Ganoven früherer Jahre schlossen sich zu Ringvereinen mit einem eigenen Code zusammen. Der Ringverein «Immergrün» erpreßte im Stadtbezirk Friedrichshain Schutzgelder, unterstützte die Mitglieder bei den Anwaltskosten und ließ die Familienangehörigen inhaftierter Beitragszahler nicht verkommen.

Als Mitteldeutschland kommunistisch war, ereigneten sich im gesamten Ostteil der Stadt weniger Verbrechen als im Bahnhofsviertel von Frankfurt (am Main). Heute wird pro Jahr jeder sechste Berliner Opfer einer Straftat. Darin sind inbegriffen Garderoben- und Kaufhausdiebstähle.

Zeitung · Nummer 115 · Donnerstag, 20. Mai 1999 – Seite 21

Berliner Zeitung

Berlin

Regierungsumzug: Polizei befürchtet Zunahme von schweren Verbrechen

KaDeWe, eigentlich Kaufhaus des Westens, steht realistisch für Klau Dir Was. Als statistisch relevante Kategorie ist in letzter Zeit der Baustellendiebstahl hinzugetreten. Der Kameradendiebstahl ging zurück, dafür gibt es mehr Softwareräuber, meist Hangtäter.

Im Jahr 1906 ist das Königliche Criminal-Gericht Moabit seiner Bestimmung übergeben worden. Bekannte Straftäter saßen hier ein: Voigt, Luxemburg, Liebknecht, Thälmann. Der Justizapparat war damals strikt konservativ. Ein Staatsanwalt aus einer so destruktiven Partei wie der sozialdemokratischen wäre als Frevel empfunden worden. Der wuchtige Bau verfehlte seine abschreckende Wirkung nicht. Im Volksmund hieß es:

Nimmst du diese Boa mit
So kommst du gleich nach Moabit.

Die Haftbedingungen waren übel. Für den Hofgang stand jedem Häftling ein zehn Quadratmeter großer, tortenstückförmiger Sektor zur Verfügung. Von daher stammt der Ausdruck ‹im Dreieck springen›. Viele haben versucht, sich dem reinen Tatvergeltungsvollzug durch Flucht zu entziehen. Und zwar erfolgreich, obgleich die Berliner Zuchthäuser im Schnitt besser gesichert sind als die U.S.-Botschaft in einem Schwellenland. Die Diebin Francisca Braun entkam mit einem Salto mortale über die Gefängnismauer.

Nur weil sich Kriminalgericht und Haftanstalt in Moabit befinden, wird das Viertel nicht sicherer. Wohnungen mit Sicherheitstür erzielen einen höheren Mietpreis. Die Gilde der Einbrecher kann auf eine lange Tradition zurückblicken. Max Mikulla vom Prenzlauer Berg, Nestor der deutschen Schränker, träumte mit 70 noch vom großen Coup. Das bekannte Gangsterduo Gebrüder Strauß beschaffte sich die Einbruchswerkzeuge sinnigerweise im polizeilichen Kriminalmuseum. Dagegen sind die

«Sportsfreunde der Sperrtechnik e.V.» im zweiten Mehringhof ein ganz harmloser Verein. Vereinsziel ist die rasche Öffnung jedes beliebigen Schlosses, das dabei nicht beschädigt werden darf.

Polizeischulen haben einen schwierigen bildungspolitischen Auftrag. Von den Kadetten können die wenigsten das Dritte Reich zeitlich einordnen, und die meisten halten Bismarck für einen eingelegten Hering. Verständlich, daß sie nach der Ausbildung eine gute Ausrüstung brauchen. Man halte gern den Kopf hin für Berlin, heißt es in Polizeikreisen, der aber müsse ausreichend geschützt sein. Mit dem Mehrzweckeinsatzstock (MES) wird jetzt eine Lücke zwischen Schlagstock und Schußwaffe geschlossen. Der MES kann zum Schlagen, zum Blocken, zum Sistieren, Festnehmen und zum Befreien verwendet werden. Er wird wohl die alte Gummiwurst ablösen.

Daß jemand zu Puppendreck geschlagen wurde, ist in Berlin schon öfter mal vorgekommen. Die Stadt hat sich bei Gewalttaten an die Spitze der Statistik gesetzt. In der Weimarer Zeit präludierte ein Dichter «Berlin hat pro Jahr rund 40 Morde, die glücken». Mittlerweile sind es über 60, dazu kommen 159mal Totschlag, inklusive solche in einem minder schweren Fall, also zum Beispiel, wenn jemand ein Neugeborenes verbrennt. Der legendäre Kriminalrat Gennat hatte immer gesagt: «Mord, Kinners, ist eine leichte Sache», weil der Täter oft aus dem Umfeld des Opfers kam, also zum Beispiel Fahrgast eines Taxifahrers war. Die Taxifahrerlogik hat übrigens die alte Dichotomie «Geld oder Leben» als Schwachsinn entlarvt, denn niemand würde das Geld neben der Leiche liegen lassen. Trotz steigender Mordraten finden es manche Beobachter beruhigend, daß Deutsche vorwiegend Deutsche, Ausländer hauptsächlich Ausländer ausradieren. Letztere müssen nicht unbedingt der gleichen Nationalität angehören. Bei einer Bluttat vor dem Lokal *Happy Day* in der Spandauer Graefestraße war der Täter Slawe, das Opfer Türke und der Kronzeuge Engländer. Anscheinend dürfen Deutsche vor Gericht auf mehr Milde hoffen. Ein prominenter Boxer, der seine Frau durch die Klotür erschoß, kam mit ein paar Jahren davon, wo er doch nach alliiertem Recht schon wegen des Besitzes einer Schußwaffe mit dem Tode hätte bestraft werden können.

In Kreuzberg, Neukölln und Berlin-Mitte ist mit den meisten Gewalttaten zu rechnen. «Nachts sieht man hier Sachen, die man besser nicht sieht», erklärte uns der Bewohner einer auf Krawall gebürsteten Gegend. Als Problemgebiet oder No-go-area, in das sich selbst die Polizei nur in größeren Verbänden hineintraut, gilt auch Schöneberg-Nord. Brenzlig kann es werden im Moabiter Beusselkiez, am Sparrplatz im Wedding und am Boxhagener Platz in Friedrichshain, Zilles ehemaligem Milljöh. Im Bezirk Tiergarten fixieren Schüler auf dem Heimweg bestimmte Läden, die sich als Zuflucht vor gewaltbereiten Jugendgangs eignen. «Die Schule ist kein rechtsfreier Raum», erkannte ein Politiker. Insgesamt 36 Adressen hat die Polizei zu gefährlichen Orten erklärt, darunter die Potsdamer Straße, die Oranienburger Straße und den Alexanderplatz. An gefährlichen Orten darf die Polizei auch ohne konkrete Verdachtsmomente Personen durchsuchen und Fingerabdrücke nehmen. Die abgesenkte Eingriffsschwelle muß aber nicht unbedingt mit der Gefährlichkeit eines Ortes zu tun haben, sie kann auch – ähnlich wie in Manhattan – der Entfernung konsumunfreundlichen Publikums dienen.*

Ein Pfuhl ist ein Flächennaturdenkmal, aber auch ein Ort dunkler Machenschaften. Der aus Geschiebemergel bestehende Untergrund Berlins übte eine kriminogene

* Neue Gesellschaft für Bildende Kunst, Hrsg., Aggressives, nichtakkumulatives städtisches Handeln, Berlin 1999, Seite 206

Wirkung auf das Geschäfts- und Finanzgebaren der Bewohner aus. Meldungen über illegale Vorteilsnahmen in Tateinheit mit Steuerverkürzung haben wie Börsenberichte in der Lokalpresse einen festen Platz. Die Korruption hat auch ihr Gutes, wenn zum Beispiel ein entführter Prominenter das Lösegeld bar bei sich trägt. Die Verbrechensbekämpfung tut sich schwer, solange Verbrechen ein Faszinosum sind. Eine Fernsehproduktion sucht per Kleinanzeige Leute, die Opfer von Betrügern wurden. Arbeitstitel: «Ruiniert per Kleinanzeige». Gewaltverbrechen beschäftigen die Phantasie scheinbar gut integrierter Mitbürger:

> Wolltest Du (W, –40) nicht schon immer mal von einem maskierten Mann (35, Akad., geb.) in Deiner Wohnung überfallen, gefesselt und vergewaltigt werden? Chiffre

Höchste Zeit, daß das Bundeskriminalamt hierher verlegt wurde. Einige Erfolge sind bereits erzielt worden. Der Garderobendiebstahl konnte dank eines griffigen Slogans eingedämmt werden:

> Achte selbst uff deine Pelle
> Überall gibt's Unreelle

In vielen Fällen wird die Strafverfolgung zu lasch gehandhabt. Im Humboldthain und im Charlottenburger Park drücken die Parkwächter bei Nacktbadenden zu oft ein Auge zu, statt sie nach dem Ordnungswidrigkeitsgesetz zur Anzeige zu bringen. Vorbildlich dagegen die Einstellung in den Sozialämtern. Dort werden Besuchstermine von Antragstellern des leichteren Zugriffs wegen der Polizei mitgeteilt.

Zusammenfassend kann gesagt werden, daß der Diskurs über Kriminalität und deren Bekämpfung zu abstrakt ausfällt. Ein Vortrag des Arbeitskreises kritischer

Marxisten über «Subjektive Widerspruchsverarbeitung und sozialpathologische Erscheinungsformen im postfordistischen Kapitalismus am Beispiel von Jugendkriminalität» mag manchem attraktiv erscheinen, nicht aber dem Besitzer einer Crêpes-Bude am Blücherplatz, dem derweil die Heizplatten geklaut werden. Nach diesem Gaunerstück harrte die benachbarte Amerika-Gedenkbibliothek noch eine Weile heroisch aus, um sich dann ebenfalls einen neuen Standort zu suchen.

Ob die Selbstheilungskräfte des Systems ausreichen werden, den Respekt vor dem Gesetz wieder herzustellen, ist ungewiß. Zumindest gibt es auch auf diesem Gebiet so etwas wie ausgleichende Gerechtigkeit. Während ein Bankräuber eine Filiale in Spandau überfiel, stahlen Dritte ihm sein Fluchtfahrrad. Der Mann wurde gefaßt.

Wer im 18. Jahrhundert mehr als ein Viertel Pfund Tabak mit sich führte, bekam Schwierigkeiten mit der Obrigkeit. Später genügten für einen Straftatbestand wenige Gramm, wenn der Tabak von der falschen Sorte war. Drogen gehören zu den Abwegigkeiten einer jeden Großstadt. Der arme Poet Carl Zuckmayer dealte im Berlin der zwanziger Jahre mit Kokain. Andere schworen auf halluzinogene Pilze. Wie üblich tritt in urbanen Gesellschaften beim Drogenkonsum die Reinigungsfunktion hinter die Einübung in prälogisches Denken zurück. Aber nur eine Minderheit will sich zukiffen, bis sie nichts mehr peilt.

Auf dem Höhepunkt der Studentenrevolte wurde der Zentralrat der umherschweifenden Haschrebellen gegründet. Vor wenigen Jahren öffnete das Hanfmuseum seine Pforten, das allerdings den Beständen nach mit manch privater Indoor-Plantage nicht mithalten kann. In einer Wohnung an der Stettiner Straße zählten von ihrer Pönalisierungspflicht überzeugte Polizeibeamte 739 Cannabispflanzen, die sich dank Lampen, Lüftern und einer Bewässerungsanlage prächtig entwickelt hatten.

Trotz weitverbreiteter und teils schon chronifizierter Opiatabhängigkeit hat sich die Stadtverwaltung noch nicht dazu entschließen können, nach Schweizer Vorbild eigene Fixerstüblis einzurichten. Doch gibt es andere Möglichkeiten, an Rauschgift heranzukommen. Am Klausener Platz bieten Dealer mit Herz zehnjährigen Schulmädchen die Wunderdroge Crack an – gratis.

Bürger aus aller Welt

Der überwiegende Teil der Bevölkerung ist leukoderm.* Über das korrekte Verhältnis zu anderen Rassen ist man geteilter Meinung. Die einen hoffen auf ein wundersames Verschwinden dunkelhäutiger Personen, die andern glauben, auf solche Mitbewohner von Haus aus verzichten zu können. Einen Kompromiß zwischen beiden Standpunkten fand ein hoher kirchlicher Würdenträger. Er empfände es als einen Glücksfall, «wenn unsere Kinder in einem Beziehungsfeld stehen, in dem Elternhaus, Kirche und Schule von den gleichen Grundwerten und Lebensauffassungen geprägt werden. So werden sie später an der Pluralität eines städtischen Gemeinwesens aktiv teilhaben können». Mit anderen Worten: Neger und Moslems trefft ihr noch früh genug.

Durch den Zuzug von Ausländern hat die Stadt einen Wanderungsgewinn erfahren. Dieser Begriff ist für viele problematisch und dennoch eine demographische Tatsache. Der Multikulturalismus hat manchenorts die Toponomastik eingeholt. Die Jugendbande rund um den Teutoburger Platz besteht aus neun verschiedenen Nationalitäten, darunter einige Deutsche.

Die ethnisch-religiöse Vielfalt schafft die verwegensten Kombinationen. Ein bekannter Antisemit war in der Jüdenstraße im Klosterviertel wohnhaft. Im Russisch-Römischen Dampfbad an der Gartenstraße wird auf finnisch geschwitzt.

Berlin war schon multikulturell, als in Amerika die Mohawks noch das alleinige Sagen hatten. Aus allen deutschen Gauen waren die Kolonisten eingetroffen und hatten sich «im wahrsten Sinne des Wortes zusammenge-

* weißhäutig

rauft».* Nicht nur die italienischen Drehorgelspieler im Leierkastenviertel an der Schönhauser Allee wurden als Fremde angesehen. Auch die «Sachsenscheißer» sind von Alteingesessenen als sprachliche und soziale Eindringlinge behandelt worden. Ein Doktorand der Freien Universität nahm kein Blatt vor den Mund: «Die Sphären der Berliner und Sachsen reflektieren disjunkte symbolische Welten, die durch starke emotionale Spannungen gekennzeichnet sind.»

Den Grad der Fremdheit bestimmt der Berliner selbst. Einer der zehntausend in der Stadt lebenden Amerikaner, der sich wegen der Übergriffe auf Ausländer Gedanken machte, konnte sofort beruhigt werden: «Aber Sie sind doch kein Ausländer. Sie sind Amerikaner!»

Innerhalb der Stadtgrenzen leben 442000 Migranten aus 184 Ländern, darunter 13 aus Äquatorialguinea, 9 aus Gabun und 6 aus Djibouti. Die Migranten sind ungleich über die Stadtbezirke verteilt. In Hellersdorf befinden sich unter 1000 Hauptschülern nur vier Ausländer, während in Kreuzberg, Neukölln oder im Wedding der Anteil ausländischer Kinder bei 60 Prozent und darüber liegt.

Die «Kathol'schen» und «Jüd'schen» sollen sich in grauer Vorzeit einmal gut vertragen haben. Im Umkreis der Synagoge an der Oranienburger Straße, die erst in der Kristallnacht und dann nochmal durch Fliegerbomben zerstört wurde, wird ein schemenhaftes jüdisches Berlin aufgeführt. Was kümmert's den Touristen, wenn im Café Silberstein Schweinegeschnetzeltes auf der Speisekarte steht? Mit zum Bild gehören die vor den Cafés Oren und Beth postierten Grenzschützer mit ihren Schlagstöcken und halbautomatischen Waffen.

Eine beachtliche russische Kolonie hat in der Zwischenkriegszeit in Charlottenburg gelebt, das deshalb

* Scheffler, a.a.O., Seite 23

Charlottengrad getauft wurde. Im Reichstag sind die Graffiti der russischen Befreier nach einigem Hin und Her konserviert worden: Sergei und Yuri waren hier. Zwischen DDR und UdSSR war Völkerfreundschaft angeordnet. Mittlerweile spricht man mehr von der Russenmafia als von der siegreichen sowjetischen Armee. Die Rußlanddeutschen würde man gerne wieder heimschicken, auswildern, wie sich unser Frühstückskellner ausdrückte. Als wir den russisch-deutschen Siedlungsschwerpunkt in Marzahn aufsuchten, bemerkten wir gleich die Plethora dieses Kulturareals. In einem Lädchen wurden Borschtsch, Schtschi und Chartscho als Fertigsuppen angeboten. Ein Kunde, mit dem wir ins Gespräch kamen, trauerte den klaren sibirischen Wintern nach, da sei es «arg scheene gewest». Als Souvenir kauften wir zwei Flaschen Kinsmarauli, den Lieblingswein Stalins.

Polen als zweitgrößte Minderheit treffen sich gerne an ihrem Stammtisch in der Karl-Liebknecht-Straße, Serben in der Moabiter Kneipe *Slowfox*. Sikhs haben ihr Habitat in der Weinmeisterstraße hinter den Hackeschen Höfen. Von den 137109 Türken leben die meisten im Südosten der Stadt wo sie als «the Kreuzberg Turks» eine feste Größe bilden. Jeder Haushalt kennt seinen Gemüsetürken beim Vornamen, und in den Kinderbüchern besteht nicht nur der Paule, sondern auch der Yussuf seine Abenteuer. Die türkisch-schwule Subkultur in Kreuzberg und das türkische Transvestitenmilljöh komplettieren das Stilleben.

Bürger aus aller Welt empfinden die Stadt als sichere Insel. Ausflüge in die Teilrepublik Brandenburg sind indes nicht ungefährlich. In einer Berliner Zeitung lesen wir:

> Man traut sich kaum auf die Brandenburg-Seiten der Tageszeitungen zu schauen: Man ist schon froh, wenn nur, wie kürzlich in Wittstock, ein Haus abbrennt, ist erleichtert, wenn, wie neulich in Hennigsdorf, der Überfal-

lene zwar mit Schädelverletzungen im Krankenhaus liegt, aber nicht zum Krüppel geschlagen wurde.

Die Intelligenzija gibt sich bei einem Ausländeranteil von 13% tolerant (München: 23%; Frankfurt a.M.: 30%). Eine Pilotfunktion übernahm der multikulturelle Club Völkerball e.V. im Bezirk Lichtenberg. Selbst die ältere Generation übt sich in Solidarität. Mit eigenen Augen haben wir vor dem *Tabasco* in der Fuggerstraße gereifte Herren in schweren Limousinen mit jungen, adretten, türkischen Beifahrern plaudern sehen. Schwullesbische Sprachkurse in Türkisch oder Brasilianisch fördern das gegenseitige Verstehen. Die Integration ins Erwerbsleben macht Fortschritte. Der Leiter des Treptower Tiefbauamts heißt Abo Bakr. Zeitweise war sogar die Rede davon, den letzten Tag des Ramadan zum allgemeinen Feiertag zu erheben. Vergreift sich die christliche Mehrheit mal im Ton, folgt die Entschuldigung auf dem Fuß. Als der Oberkantor der Jüdischen Gemeinde in der Presse als Opernkantor vorgestellt worden war, kam sofort eine Berichtigung. Der Philosemitismus wird mitunter ganz wörtlich genommen. Eine attraktive Akademikerin suchte per Inserat «einen brillant aussehenden, sehr intelligenten, ehrgeizigen Partner mit Durchsetzungsvermögen – mit einem Wort: eine Michael-Friedman-Kopie».

Von einer Assimilation um jeden Preis wird Abstand genommen und statt dessen die Frage gestellt, ob ethnisch homogene Wohnbezirke nicht von Vorteil wären. Als Muster könnten hier wieder die Amerikaner herhalten. Nachdem die Militärregierung die paar Tausend in Dahlem requirierten Villen zurückgegeben hatte, schuf sie rund um die Truman Plaza ein eingezäuntes Luxus-Ghetto samt Shopping Mall, High School, Sportzentrum und Tennisplatz. «Berlin war gut, wenn man das Gefühl haben wollte, nicht in Deutschland zu sein», sagte ein

Korporal über die autarke amerikanische Community. Je länger die Militärs in ihrer bequem ausgestatteten Enklave verharrten, desto mehr schotteten sie sich ab. Es war schwer, Soldaten aufzutreiben, die mit deutschen Familien Weihnachten feiern wollten. Die Distanz auf Armeslänge war heilsam und das sicherste Mittel gegen Diskriminierung. Als die amerikanischen Einheiten abzogen, wollte es den Berlinern vorkommen, als wären sie nie dagewesen.

Auf unseren Inspektionsfahrten passierten wir fast täglich ein Transparent mit dem Satz AUSLÄNDER AUCH SIND MENSCHEN. Nur Randgruppen wie die «Ariogermanische Kampfgemeinschaft» in Weißensee würden das nicht unterschreiben. Animositäten richten sich zur Zeit eher gegen die eigenen Landsleute als gegen Nichtdeutsche, oder wie wäre der Slogan «Rheinländer raus, Ausländer rein» sonst zu erklären? Schon ist der erste Fall von *reverse discrimination* bekannt geworden. Der «Berlin International Women's Club» hat über Deutsche einen Aufnahmestopp verhängt.

Das metaphysische Talent

Wann immer Adenauer in Berlin weilte, hatte er das Gefühl, in einer heidnischen Stadt zu sein. Der Dadaist Johann Baader war noch deutlicher geworden, als er in den Dom hineinrief: «Was ist euch Jesus Christus? Er ist euch wurst.» Wie so oft wurde hier Atheismus mit Paganismus und Paganismus mit Skeptizismus verwechselt. Man erinnert sich des Pfarrers, der seiner Gemeinde in einer Mahnpredigt die Höllenqualen für begangene Sünden in den schrecklichsten Farben ausmalte. Seine Schäflein begannen aus Angst und Reue zu weinen, bis der Pfarrer die Tränen selbst nicht mehr zurückhalten konnte und rief: «Wat weeß ick, vielleicht is det ja ooch allet nich wahr.»

Ein mitten im Leben stehender Kirchenoberer äußerte, «im Überangebot einer Weltstadt scheint die Vermittlung von Impulsen aus dem Bereich der wissenschaftlichen Theologie für die pastorale Praxis schwierig zu sein». Was er meinte war, daß die Leute lieber in der Kulturbrauerei als auf harten Kirchenbänken hocken. Doch die Stadtbewohner deshalb als unreligiös zu bezeichnen, wäre falsch. Den Gegenbeweis liefern Alltagsfloskeln wie «Det is zum Kathoolsch werden» oder «Nu schlag Jott 'n Deibel dot». Gut, es mag bloße Taufscheinchristen geben, die nichts weiter glauben, als daß sieben Pfund Rindfleisch eine gute Brühe geben, und die Schnaps für das reine Wort Gottes halten. Die Kirche trägt allerdings selbst zur Profanierung der Theodizee bei, wenn sie Kapellen für Parties vermietet und um der Werbeeinnahmen willen den Turm der Gedächtniskirche mit Riesenpostern von Mannequins und Schauspielerinnen behängt. Berlin dieserhalb als Gehenna zu verteufeln, als Hölle der Gottlosen, wäre übertrieben. Immerhin ist ein ganzer

Stadtteil nach einer berühmten Stelle im Alten Testament benannt.*

Wahrlich, mit einem Blick zum Fernsehturm am Alex kann jeder sich vergewissern, daß die Berliner metaphysisches Talent besitzen: Die Kuppel reflektiert das Sonnenlicht in Kreuzform. Mystiker und Metaphysiker haben seit Jahrhunderten hier ein natürliches Refugium gefunden, seien es Separatisten, Herrnhuter oder Gichtelianer. Johann Georg Gichtel forderte seinen Engelsbrüdern die Ehelosigkeit ab, während Johann Rosenfeld und die Rosenfeldianer das Siegel zum Paradies mit sieben minderjährigen Jungfrauen zu knacken gedachten. Die *Ernsten Forscher von Diesseits und Jenseits* verließen sich auf Weißkäse und Magnetismus. Magnettherapeuten der letzten Tage sind hie und da noch ins Gebet versunken auf Hausdächern zu beobachten.

Das Wohlergehen religiöser Gemeinschaften hing davon ab, bis zu welchem Grad sie sich mit politischen Verhältnissen abzufinden bereit waren. Jehovas Zeugen hatten in der Epoche des arteigenen deutschen Gottesglaubens einen schweren Stand, die Mormonen waren wegen der gemeinsamen Vorliebe für «spit and polish» geduldet. Umsichtig agierte der Exarch der russisch-orthodoxen Kirche unter dem Viermächtestatut: Seine Residenz lag in Ostberlin, die Kathedrale im britischen Sektor, Andachtsraum und Wohnung bei den Amis und der Friedhof bei den Franzosen.

Die metaphysische Spannweite reicht von der Großen National-Mutterloge zu den drei Weltkugeln über Tai Chi mit seinen sechs Vertiefungsstufen bis zur Lehre des Lama NgaKpaRigdzin Dorje, der auf Wochenendseminaren die Vollendung des Hier und Jetzt erläutert. Einen metaphysikfeindlichen Standpunkt beziehen eigentlich nur die

* 1 Mose 19, 36–37

Freireligiösen von der Pappelallee in Prenzlauer Berg. Sie leugnen Jenseits und Auferstehung: When you're dead, you're dead.

Die Überlebensfähigkeit der Kirchen ist an ihre Bereitschaft gebunden, mit der Zeit zu gehen. Die St. Bonifaz-Kirche an der Yorckstraße vergleicht die Kommunikation mit Gott mit einem Telefongespräch. Man muß auf die richtige Vorwahl achten, darf sich von einem Besetztzeichen nicht entmutigen lassen, sollte das Höchste Wesen nicht nur über den Notruf anläuten und nicht nur zu Zeiten des verbilligten Tarifs. «Auch an Werktagen müßte regelmäßig ein kurzer Anruf möglich sein.»

Die ökumenische Bewegung hat Fortschritte erzielt. Am Evangelischen Gymnasium zum Grauen Kloster wird Hebräisch und Chinesisch unterrichtet. Die Kirche ist in Bewegung, und nur an wenigen Orten wie der Waldkapelle «Zum anklopfenden Christus» draußen in Köpenick scheint die Zeit stehengeblieben zu sein. Bestimmte Gruppen sind gezielt angesprochen und in die Gemeinschaft hereingeholt worden. In der St. Jacobi-Kirche werden Couplets und Chansons unter dem Motto «Nach meene Beene is ja janz Berlin verrückt» zu Gehör gebracht. Beim Black-Sabbath-Kult der Heavy Metal Fans hantieren kirchlich Unmündige mit blutigem Gedärm. In der Kreuzberger Emmauskirche beten Männer in schwarzem Leder einen aidskranken Jesus in Stöckelschuhen an.

Geistliche aus aller Welt kommen nach Berlin und machen mit der Neuen Frömmigkeit Bekanntschaft. Der eingangs zitierte Kardinal meinte: «Was sie wohl von uns aus Berlin in ihre Heimatländer mitnehmen mögen, ist meine bange Frage.»

Bildung und Erziehung

Der Umgangston zwischen den Generationen konnte früher sehr direkt sein. Manches Kind glaubte bis zum schulpflichtigen Alter, sein Vorname laute Halt-die-Klappe. Dabei taten Eltern ihr Bestes, dem Nachwuchs die Anfangsgründe guter Manieren beizubringen. Ein Vater, der mit seinen halbwüchsigen Söhnen ein Zugabteil bestieg, sagte warnend: «Bei't erste ordinäre Wort jibt et eens auf'n Rüssel det er anschwillt wie 'n Ballon.» Man vergißt über derlei Anekdoten eins: Berlin war der Geburtsort der permissiven Erziehung, die später von Dr. Benjamin Spock kreativ assimiliert wurde. «Laß doch det Kind die Bulette» ist hier immer schon ein erprobter pädagogischer Grundsatz gewesen – samt der Ergänzung «und wenn et erstickt». Selbst ärmliche Familien achteten darauf, Kindern die nötige Zuwendung zu geben. Wo die Mittel fehlten, wurden die ersten Schlittschuhe aus den Schienbeinknochen des Schweins gefertigt, wovon sich der Name Eisbein herleitet.

Beim Übergang zur Moderne wurde aus der Kleinkinderbewahranstalt die Kita. Davon gibt es über 2000. Gegen Massenhaltung und Lernzwang kämpfen verschiedene Kinderrechtsgruppen. In Charlottenburg wird ein Spielkurs für Väter angeboten. In der Alten Feuerwache in Kreuzberg findet jeden ersten Sonntag im Monat ein Mehrlings-Elterntreff statt, um spezifische Probleme zu besprechen. Die städtischen Spielplätze hinterlassen einen durchgestylten Eindruck. Der Aktivspielplatz mit Teich, Tierhaltung und Ökoklo gehört gewissermaßen zu den Grundrechten eines Kindes, und jede Mutter ist entzückt, wenn sie ihren Sprößling abends von einer Kita mit Wasser-Matsch-Bereich abholt.

Die Fürsorglichkeit der Eltern verdient besonders hervorgehoben zu werden. Ein Graffitisprüher bekam zum Geburtstag einen vollständigen Fahrplan der S-Bahn geschenkt, damit ihm ja nichts zustieß. Weil die meisten Erwachsenen auf eine glückliche Kindheit zurückblicken können, ist das Regressionsverlangen entsprechend groß:

> Baby sein neu erleben. Sicher im Schoß einer erfahrenen und liebevollen Mami liegen und völlig wehr- und hilflos wie ein Säugling betreut und erzogen werden, das ist mein größter Wunsch. Tel.

Oder:

> Mit einer dicken Windel gehe ich schlafen, mit einer nassen Windel wache ich auf. Welche erfahrene Erzieherin möchte dafür Sorge tragen, daß ich auch am Tage in einer Windel stecke? Wer kann mir Babykleidung in Erwachsenengröße nähen? Chiffre

Früher sagte man: «Kopfrechnen schwach, Religion evangelisch». Der Berliner war stolz darauf, in der Penne nichts gelernt zu haben und doch alles zu wissen. Der pädagogische Kunstgriff bestand darin, die Schuljugend durch provokante Äußerungen zu Höchstleistungen anzuspornen. Als ein Schüler nach einem Beinbruch wieder zur Schule kam, entspann sich folgender Dialog:

> Lehrer: Kannst wieder richtig loofen?
> Schüler: Besser als vorher.
> Lehrer: Na, dann wünsch ick dir als nächstes eene Jehirnerschütterung.

Und die Schüler bleiben ihren Lehrern nichts schuldig:

> Lehrer: Heute beginnen wir mit dem Sexualkundeunterricht.
> Schüler: Herr Lehrer, dürfen die, wo schon Weiber jehabt ham, zum Fußballspielen?

In der Grundschule am Schleipfuhl oder an der Geißenweide haben die Lehrkräfte keinen leichten Stand. Kulturelle Konflikte werden oft im Klassenzimmer ausgetragen. Wenn türkische Nationalisten und radikale Kurden aneinandergeraten, hat die Lehrkraft nicht mehr viel zu melden. Die polyglotte Konstellation macht die Lage nicht einfacher, und wenige lassen sich mit dem Londoner Beispiel trösten, wo an Grundschulen noch mehr verschiedene Sprachen gesprochen werden, nämlich 200.

Unter den Lehrmitteln ragt Dierckes Weltatlas heraus, die größte kartographische Errungenschaft seit der Mercator-Projektion. Der Nimbus der Geographielehrer erklärt sich auch daraus, daß sie anhand der 3,3 Kilometer langen Friedrichstraße vom Belle-Alliance-Platz* aus die Erdkrümmung sichtbar machen konnten, wenigstens bis zum Mauerbau. Die Sartre-Oberschule in Friedrichshain, das John-Lennon-Gymnasium im Bezirk Mitte und andere Kathedralen des Lernens befinden sich in einem besorgniserregenden baulichen Zustand. Doch könnte man jeden Schüler nachts aufwecken und er würde einem auf Befragen mitteilen, daß die Logarithmusfunktion die Inversfunktion der Exponentialfunktion ist. Im Vergleich zur naturwissenschaftlich-mathematischen wird die humanistische Bildung vernachlässigt, doch konnten wir noch einige Spuren konservieren. Von der S-Bahn nach Potsdam aus sieht man nahe Nikolassee eine Schrebergartenlaube mit der Aufschrift ΑΚΡΟΠΟΛΙΣ.

Das Abitur findet bereits im Januar statt, damit das Notenwürfeln nicht in die Urlaubsvorbereitungen der StudienrätInnen fällt. Ein Viertel der Abiturienten möchte Betriebswirtschaft studieren. Die Stadt hat vier Hochschulen. Die Freie Universität war eine Gegengründung zur eigentlichen *Alma mater berolinensis,* die heute Hum-

* heute Mehringplatz

boldt-Universität heißt. Studiert wird noch unter einem Wandbild mit vorwärtsstürmenden Revolutionären, einem gestikulierenden Lenin und einem Muschik in Bastschuhen. Die Kunst am Bau muß erst demokratisiert werden. Inzwischen gehen aber schon über 9 Prozent der Studierenden zur Wahl des Studentenparlaments. Ein Problem sind die langen Studienzeiten, deshalb dürfen ältere Semester jetzt nicht mehr als Heinzelmännchen arbeiten. Man hofft, dadurch der Überfüllung besser Herr zu werden. Eine Reihe von Professoren neigt nämlich dazu, sich mit Studenten regelrecht zuzumüllen, um damit einen Distinktionsgewinn zu erzielen. Nicht daß Hochschullehrer unter der Studentenschaft sonderlich beliebt wären. Sofern der Campusroman «Berliner Aufklärung» ein Spiegel der Wirklichkeit ist, dürfte eher das Gegenteil zutreffen. Dort wird ein Professor in 54 Teile zerlegt, in 54 Gefrierbeutel verpackt und in den 54 Postfächern des Philosophischen Instituts abgelegt.

Nach der Wende sollte aus Berlin eine Wissenschaftsstadt werden. Zu diesem Behufe wurden die öffentlichen Gelder für die Hochschulen um ein Drittel gekürzt. Unter dieser Voraussetzung das Niveau zu halten, war nicht einfach. Ob die Juristenausbildung noch die erforderliche Qualität hat, wagen wir nicht abschließend zu beurteilen, doch gibt zu denken, daß ein falscher Richter 7000 unbeanstandete Urteile fällte, ohne je studiert zu haben, es sei denn an der Hochstaplerakademie, die 15 000 Mitglieder haben soll, was übertrieben sein dürfte. Die FU (kurz für Freie Universität) ist nach wie vor führend in der Östrogenforschung, wie denn überhaupt auf die Ausbildung der Frauen größter Wert gelegt wird. Der Chronist konnte bereits im 18. Jahrhundert vermelden, daß von den Berlinischen Frauenzimmern «die mehresten» eine gute Erziehung genossen hatten und die Fähigkeit besaßen, Gelehrsamkeit zu affektieren. Von den neuzeitlichen Bildungseinrichtungen seien hier nur genannt MÄDEA, das interkulturelle Zentrum für Mädchen und junge Frauen im Wedding, und das Frauen-Technik-Zentrum in Hohenschönhausen. Frauen und Technik! Die Berliner sind wirklich ein verwegener Menschenschlag.

Die ortsübliche Neigung zur Quantifizierung dem Kontakt mit U.S.-Besatzern anzulasten wäre ungerecht. Ein Bureau für Statistik wurde bereits 1805 eingerichtet und seither ist die Ziffer das große Venerabile geblieben. Was sich zählen läßt, wird gezählt, ob es die Barackenlager für Zwangsarbeiter sind oder die Flußbrücken, von denen es angeblich mehr gibt als in Venedig, Amsterdam und Stockholm zusammengenommen. Im Club SMTalk sagt die Domina: «600 Hiebe und laut mitzählen.» Je höher die Zahl, desto besser. Insofern besteht doch eine Parallele zu den Yankees. Wegen der starken Fluktuation und weil es unter Neuankömmlingen keine Hierarchie gibt, zählt die Million in beiden Kulturen als Leistung an sich. Die anti-autoritäre Bewegung richtete sich gegen den Statistiktaumel. Die große Volkszählung von 1987 wurde von der Hausbesetzerszene mit der Parodie «Laßt den Zähler klingeln» boykottiert.

Ungebrochen ist der Forscherdrang. Mediziner der Charité entschlüsseln momentan die Sexualduftstoffe im Achselschweiß. Bereits in den 1960er Jahren war von einem Westberliner Pharmakonzern die Anti-Baby-Pille erfunden worden. Die DDR konterte nur wenige Jahre später mit Ovoviston. Von der Bockwindmühle über die Thermosflasche bis zum Computer Z1 – wenn es um Erfindungen geht, ist Berlin immer vorn. Schulkinder beschäftigen sich in den Ferien am liebsten mit Computerspielen, und selbst der Regierende Bürgermeister hat noch schnell einen Computerkurs absolviert und verschickt *e-mails* zur Überprüfung der Senatorenanschlüsse. Hightech hat den Geldverkehr und die sozialen Dienstleistungen erfaßt. Im Bezirk Tiergarten dürfen Asylbewerber nur noch mit Chipkarte und in bestimmten Läden einkaufen.

Die Jugend ist bereit, ethisch an sich zu arbeiten und ihren Wissensstand selbständig zu erhöhen. *Ätzettera* begreift sich als *Jugendtugendmagazin zur Erweiterung der komplexen Universalbildung*. In der Kirschenallee residiert zwar noch die Deutsche Schreberjugend. Typischer für Charlottenburg ist freilich der globale Teenager, der sich weder an Schrebergärten noch an Kiezgebräuchen orientiert, sondern an der Kultur der City. Wir hatten Gelegenheit, die Wahl der Berliner Göre '99 mitzuverfolgen. In der Jury saß ein Starcoiffeur, ein Fernsehmoderator und eine Dame von der Agentur «Scout 4».

Rund 20000 Analphabeten leben noch in der Weltstadt, doch wird die Erwachsenenbildung diese Zahl weiter reduzieren. Bewährte Institutionen wie die *Urania* oder das Museum für Völkerkunde laden ein zu kostenlosen Vorträgen über «Die Edlen Herren Gans zu Putlitz in der Mark Brandenburg» oder «Die Amazonen des Königs von Dahomey – weibliches Kriegertum in Afrika». Die erziehende Hand ist überall spürbar. Der Trend geht weg von staatlichen Einrichtungen und hin zu Privatisierung und Nachbarschaftshilfe:

> Welcher Mann ist in der Lage, eine Frau mit dem nötigen Feingefühl zu erziehen. Chiffre

Vielfältige Möglichkeiten bietet die *continuing education* in Beruf und Alltag. Fremdsprachenkenntnisse lassen sich erwerben, weil viele Gäste nicht Deutsch reden können oder wollen. Ein Kellner, der von der Sängerin Madonna mit *Fuck you* angeherrscht wird, hat den Vorteil, die Aussprache aus dem Mund eines *native speaker* zu hören.

Sport

Friedrich Ludwig Jahn turnte ab 1811 auf der Hasenheide in Neukölln mit der Folge, daß er unter Polizeiaufsicht gestellt wurde und Seine Majestät ein allgemeines Turnverbot erließ. Nach dessen Aufhebung konnte an der Friedrichstraße eine Turnlehrerbildungsanstalt – im Volksmund Knochenmühle genannt – aufmachen. Berlin pflegt seine turnerische Tradition, auch wenn die Leibesübungen, die der SSV Vorspiel heute in der Jahn-Sporthalle an der Cantianstraße absolviert, nicht genau im Sinne der Erfinder sein dürften. (Daß just unter des Turnvaters Denkmal Rauschgift verkauft wird, erzählt man am besten nicht weiter.)

Ein General von Pfuhl ließ an der Spree die erste Schwimmanstalt bauen. Wettbewerbsmäßiges Schwimmen erfreute sich unter sozialistischer Herrschaft besonderer Sympathien. Medaillen sollten mit allen Mitteln

erworben werden. Das im Westen gelegene Wilmersdorfer Stadtbad, besser bekannt als Tuntenaquarium, legte auf Leistungssport weniger großen Wert. Auch die Leichtathletik ist im Osten stärker gefördert worden als im Westen. Die Wandlitzer Herrenriege wurde erst argwöhnisch, als ein Stabhochspringer mit 5 Meter 10 Weltmeister wurde, über einen Meter höher als der anti-faschistische Schutzwall.

Die Berliner Ballon- und Luftschiffervereinigung gehört zu den ältesten fliegerischen Verbänden, klagt in letzter Zeit jedoch über Mitgliederschwund. Das Mixed-Volleyball-Team in Neukölln sucht ebenfalls Nachwuchs, nämlich eine Stellerin und eine Außenangreiferin. Keine Nachwuchssorgen haben die Fußballvereine, sei es Rapide Wedding oder Hertha BSC. Fußball und Hybris sind eins. In der Herthaner Clubzeitschrift dürfen Machtphantasien ausgelebt werden. Der Kölner Rivale wird als kleiner westdeutscher Verein vorgestellt. Das protzige Gehabe ist eine Reaktion auf Demütigungen in der Nachkriegszeit. Die Alliierten hatten Fußballspielen nach 1945 eine Zeitlang ganz verboten, und danach mußten sich Traditionsvereine neue Namen zulegen. Hertha BSC hieß plötzlich FV Gesundbrunnen. Wer heute gegen Hertha stänkert, wird wegen Behinderung der freien Religionsausübung belangt. Bei den Mitgliedern der 450 Fanclubs liegen genotypisch IQ und Schuhgröße oft verdammt dicht beisammen. Zu den Spielen erklingen spezielle Schlachtgesänge. Fans haben ihre Gesichter mit rotem und braunem Eisenoxyd eingefärbt. Die Kriegsbemalung ist mehr als Spielerei. Schiedsrichter und gegnerische Dribbelkünstler werden bei unterschiedlicher Auslegung der Spielregeln mit Fäusten und Flaschenhälsen traktiert. In den unteren Ligen steckt in so manchem Schienbeinschoner ein Messer. Dantische Szenen spielen sich bei Begegnungen zwischen rein ostdeutschen Mannschaften und westdeutschen

Clubs mit einem hohen Ausländeranteil ab. Das siegreiche Team kann mit Fug davon sprechen, sich den Pokal erkämpft zu haben.

Wer erlebt hat, wie fließend die Übergänge zwischen Fußball und Kickboxen geworden sind, den wird nicht überraschen, daß asiatische Formen der Selbstverteidigung in den letzten Jahren einen rasanten Aufschwung genommen haben. Im Wedding findet man vor allem Jiu-Jitsu, Spandauer schwören auf Wing Tsun, während rund um den Böcklerpark der indische Stockkampf eingeübt wird. Auf der historischen Hasenheide kann sich jeder Interessierte in der japanischen Kampfkunst Aikido unterweisen lassen. Die Karatekatzen in Steglitz freuen sich angeblich über jede neue Kralle.

Cruising ist ein Männersport, der sowohl im Freien, wie auch in geschlossenen Räumen betrieben werden kann. Bei Regen ziehen die Sportler die Kabinen in der Treibhaus-Sauna an der Schönhauser Allee vor. Als Alternative bietet sich das *darkroom cruising* im Tunnel beim Schlesischen Tor an.

Egal ob im Tischtennisverein «*Pink* Pong» oder auf der Golfanlage Stolper Heide, man gewinnt überall den Eindruck einer sportbegeisterten Bevölkerung. Manchmal scheint der Sport fast zum Selbstzweck zu werden. Die Trainerin in einem *Catacombe* genannten Übungsraum hörten wir sagen: «Turnt nicht an den Geräten rum, dazu sind sie nicht da.» Es gibt aber noch genügend Traditionsclubs wie den 1898 gegründeten Turn- und Sportverein Makkabi. Der ästhetisierten Form der Leibesübungen wird in vielen Kreisen keine Aufmerksamkeit geschenkt. Der Gänsebauch ist Clubausweis und braucht nicht versteckt zu werden. Geturnt wird bis zum Ende. Buchstäblich. Die Todesanzeige für den Altmeister im Seniorenturnen war überschrieben mit der Zeile: «Er turnt nicht mehr.»

Naturerleben

Wir hatten schon vom Airport Express TXL aus den Schrebergarten am Saatwinkler Damm erspäht. Berliner stehen ja in dem Ruf, ein Volk geringer Naturbeherrschung zu sein und bei der Beschreibung ländlicher Phänomene glatt zu versagen. Blaubeeren bezeichnen sie als rot, solange sie noch grün sind. So bald wie möglich nahmen wir die Gelegenheit wahr, einige dieser Schrebergärten oder «Laubenkolonien» persönlich in Augenschein zu nehmen, darunter die Kolonie *Aus eigener Kraft* in Pankow, die Kolonie *Am Türkenpfuhl* in Mariendorf, die *Deutsche Scholle* in Neukölln und drei Kolonien *Einigkeit* in verschiedenen Stadtteilen. Die Gespräche drehten sich um Grabstock, Knollenfruchtbau und Schneckenbekämpfung mittels Braunbier, streiften aber auch die Rentenfinanzierung, Meniskusprobleme eines Außenstürmers sowie die menschliche Sexualität im allgemeinen und die weibliche Anatomie im besonderen. In der Steglitzer Kolonie *Abendruh* widerfuhr uns das Glück, in ein Sommerfest mit Can-Can-Tänzerinnen und Hula-Mädchen hineinzugeraten, uns von der Südseestimmung verzaubern zu lassen und die eigenwillige Verwendung von Kokosnußhälften zu bestaunen. 21 Kuchen wurden insgesamt verzehrt.

Historisch betrachtet waren die Laubenkolonien dazu gedacht, die arbeitenden Menschen aus dunklen Hinterhöfen herauszuführen und ihnen in freier Natur den Alkoholmißbrauch abzugewöhnen. Es kam anders. In den Schrebergärten wurde die Eckkneipe neu erschaffen, Alkohol und Freizeit gingen wieder eine enge Verbindung ein, aus Lauben- wurden Trinkerkolonien. Ein Erntedankfest dauerte oft drei Tage, der Dauerkonsum geistiger Getränke weckte Aggressionen, bei einer Festivität wurde ein Mann regelrecht zu Tode gebissen.

Die größten Feinde der Schrebergärtner von heute sind nicht volle Schnapsflaschen, sondern Bürokraten und Bauträger. Kolonien, die Kaiserreich und Versailler Vertrag überdauert haben, müssen Bodenspekulanten weichen. Das Bundeskleingartengesetz schreibt genau vor, was ein Kleingärtner auf seinen 24 Quadratmetern zu tun oder zu lassen hat. Die Kolonisten wiederum antworten mit straffer Organisation auf äußere Feinde. Der erweiterte Vorstand einer Laubenkolonie umfaßt einen Gartenfacharbeiter, einen Gerätewart, einen Wegeobmann, Schriftführer, Kassier, einen Vergnügungsausschuß und eine Hausfrauengruppe.

Der Anteil der in der Landwirtschaft Beschäftigten hat sich in den letzten Jahrzehnten verdreifacht. Auf 6000 Hektar wird vor allem Getreide und Grünfutter für die Milcherzeugung angebaut. Dank der Magerviehhöfe in Marzahn hat die Landwirtschaft viel von ihrem Ansehen zurückgewonnen. Einer der prominentesten, auch auf Bundesebene beachteten Berliner Politiker ist zum Facharbeiter für Rinderzucht ausgebildet worden. Der leichte Rückgang der Eierproduktion von 2,4 auf 2,3 Millionen ist noch nicht alarmierend. Daß im Dezember 1996 das letzte Schwein hausgeschlachtet wurde, mag sentimental stimmen, hat aber keine größere wirtschaftliche Bedeutung.

«Klimme mutig den Pfad», hieß es eines Tages bei trockenem Wetter. Erwartungsvoll folgten wir den Wanderwegen der Lurche bis zu den Rüdersdorfer Kalkbergen und den Schmargendorfer Alpen. Von dort sind die eiszeitlichen Irrsteine oder Findlinge bis an den Reinickendorfer Maximiliankorso getragen worden. Für den Rückweg benutzten wir einige Naturlehrpfade mit ihren beeindruckenden Baumbeständen. Die Bezirksämter haben in den letzten Jahren Tausende junger Bäume gepflanzt, darunter Stieleichen, zweigriffligen Weißdorn und gemeine

Panke kommt von Pankow, Sitz vieler Organe der ehemaligen DDR. Deshalb wird von ihrer Mündung in die Spree möglichst wenig Aufhebens gemacht.

Roßkastanien. Eine Rarität ist Berlins einzige Trauerbuche an der Charlottenburger Ulmenallee. Für jeden gefällten Baum ist sogleich ein neuer zu pflanzen. Nur heimische Sorten sind erlaubt; ein Schrebergärtner mußte seine Zypresse fällen. Andererseits drücken die Behörden bei österreichischen Schwarzkiefern ein Auge zu, und wir haben sogar einige serbische Fichten bemerkt, obwohl gerade diese eine zypressenartige Form aufweisen.

Der Berliner hält sich gerne bei «Mutter Grün» auf. Jeder Kreuzberger hat Anspruch auf sieben Quadratmeter Erholungsfläche, und im Wedding stehen jedem Bürger 1,9 Quadratmeter Grünfläche zu, Straßenbegleitgrün nicht eingerechnet. Der Senat hat den Auftrag, Haine und Parks vor Vermüllung zu schützen und nach Möglichkeit zu erweitern. Der Bau des Autobahntunnels in Britz brachte für die Anwohner eine Verbesserung der Lebensqualität, weil auf der Tunneldecke ein Park mit Spielplätzen angelegt werden konnte. Nach dem Fall der Mauer wurden Teile des Todesstreifens ethnobotanisch in Grünanlagen umgewandelt.

Die rege Bautätigkeit erfordert ein gewissenhaftes Grundwassermanagement, so daß Flüsse und Seen stets gut gefüllt sind. Über die Sauberkeit der Gewässer waren keine näheren Daten in Erfahrung zu bringen. Wir machten von uns aus die Probe aufs Exempel und bemerkten, daß man an der Stelle, wo sich die Panke mit der Spree vermählt, nicht auf den Grund blicken kann. Ein humanistisch gebildeter Gewährsmann meinte, ein sauberer Aal aus der Havel wäre ein vollendetes Oxymoron. Eine gewisse Besorgnis bereiten undichte Kläranlagen, von denen coliforme Bakterien in die Badeseen gelangen könnten, doch ist dies eine *cura posterior*. Ein akutes Problem bildet Aspirin im Trinkwasser, das über Wasserklosetts in die Aufbereitungsanlagen gelangt und dort nicht abgebaut wird.

Schadstoff Stationsnummer, Verfügbarkeit im lf. Monat	Gleitende Jahreswerte							Monatswerte						Tageswerte			Halbstundenwerte			
	Mittel	50%-Wert	98%-Wert	für Wind aus Ost Mittel	Süd Mittel	West Mittel	Nord Mittel	Mittel	98% - Wert	für Wind aus Ost Mittel	Süd Mittel	West Mittel	Nord Mittel	MIK-W Über-schr.	Max.	Datum	MIK-W Über-schr.	Max.	Datum	Uhrzeit
Schwefeldioxid																				
SO 005 100%	.007	.004	.033	.014	.010	.004	.005	.007	.029	.024	.008	.004	.010	0	.025	11.02	0	.050	11.02	11.00
SO 010 100%	.008	.005	.033	.012	.011	.004	.006	.007	.040	.024	.008	.004	.013	0	.035	12.02	0	.281	11.02	24.00
SO 011 100%	.006	.003	.027	.009	.007	.004	.004	.007	.030	.018	.009	.005	.011	0	.027	12.02	0	.068	11.02	24.00
SO 014 100%	.010	.007	.036	.019	.009	.007	.014	.007	.037	.025	.006	.005	.016	0	.036	12.02	0	.064	12.02	11.30
SO 015 100%	.007	.004	.030	.011	.008	.005	.007	.009	.043	.023	.007	.007	.019	0	.041	12.02	0	.140	12.02	0.30
SO 018 100%	.011	.008	.038	.017	.012	.008	.011	.013	.047	.033	.013	.010	.026	0	.054	12.02	0	.157	12.02	1.00
SO 026 100%	.006	.003	.026	.011	.006	.003	.008	.006	.036	.018	.005	.004	.017	0	.035	12.02	0	.066	12.02	8.00
SO 027 90%	.005	.002	.028	.011	.005	.002	.007	.005	.032	.019	.006	.002	.015	0	.028	12.02	0	.066	12.02	1.00
SO 032 100%	.004	.001	.026	.009	.004	.001	.003	.003	.022	.014	.004	.001	.008	0	.017	12.02	0	.037	12.02	4.00
SO 432 100%	.003	.001	.022	.008	.004	.001	.003	.003	.034	.021	.004	0.000	.012	0	.034	12.02	0	.160	12.02	2.30
SO 042 100%	.009	.006	.037	.013	.011	.006	.008	.012	.045	.026	.011	.010	.020	0	.041	12.02	0	.131	12.02	0.30
SO 045 100%	.006	.002	.033	.012	.006	.003	.005	.003	.024	.015	.005	.002	.006	0	.019	12.02	0	.049	12.02	2.30
SO 071 100%	.007	.005	.027	.009	.009	.005	.005	.007	.029	.015	.006	.005	.013	0	.027	12.02	0	.073	11.02	24.00
SO 072 100%	.012	.009	.034	.015	.015	.009	.009	.010	.026	.017	.014	.008	.011	0	.020	12.02	0	.050	12.02	16.00
SO 077 97%	.004	.002	.023	.008	.006	.002	.003	.003	.019	.009	.007	.001	.007	0	.018	12.02	0	.051	12.02	15.30
SO 082 100%	.010	.007	.036	.012	.013	.007	.007	.011	.038	.019	.015	.008	.016	0	.027	12.02	0	.090	11.02	22.30
SO 085 100%	.005	.003	.024	.008	.005	.003	.005	.005	.027	.009	.004	.004	.013	0	.017	14.02	0	.056	14.02	12.30
SO 117 100%	.014	.011	.039	.018	.017	.011	.010	.012	.038	.025	.015	.009	.019	0	.037	12.02	0	.064	12.02	8.00
SO 145 100%	.004	.002	.024	.008	.006	.002	.003	.003	.018	.012	.007	.001	.006	0	.018	12.02	0	.043	12.02	15.00
SO 174 100%	.011	.008	.033	.013	.013	.009	.008	.010	.036	.019	.012	.008	.015	0	.035	12.02	0	.135	11.02	23.30
Schwebstaub																				
St 005 100%	.034	.028	.089	.050	.035	.027	.031	.025	.068	.068	.032	.021	.029	0	.068	11.02	0	.118	11.02	10.30
St 010 100%	.036	.029	.097	.055	.041	.026	.034	.028	.066	.067	.039	.023	.033	0	.067	11.02	0	.116	11.02	23.30
St 011 100%	.034	.027	.099	.053	.037	.025	.033	.025	.062	.063	.035	.019	.032	0	.063	11.02	0	.147	15.02	9.30
St 015 100%	.036	.028	.095	.057	.037	.026	.036	.029	.084	.084	.035	.023	.041	0	.084	11.02	0	.183	11.02	22.30
St 018 100%	.035	.027	.098	.055	.037	.025	.036	.028	.070	.069	.035	.023	.039	0	.070	12.02	0	.123	12.02	11.00
St 026 100%	.031	.026	.083	.045	.032	.024	.033	.027	.082	.073	.031	.020	.043	0	.082	12.02	0	.160	12.02	11.30
St 027 93%	.028	.023	.077	.046	.028	.020	.030	.020	.052	.049	.024	.016	.033	0	.053	12.02	0	.102	12.02	9.00
St 032 100%	.024	.019	.073	.039	.026	.018	.021	.018	.042	.043	.023	.015	.024	0	.043	11.02	0	.071	12.02	5.00
St 071 100%	.042	.036	.102	.059	.043	.034	.039	.036	.078	.072	.042	.032	.047	0	.079	12.02	0	.188	2.02	19.30
St 072 93%	.048	.040	.119	.063	.059	.036	.041	.045	.100	.096	.066	.036	.044	0	.100	10.02	0	.345	11.02	19.30
St 082 100%	.049	.044	.115	.059	.054	.042	.050	.048	.144	.081	.054	.041	.075	0	.144	12.02	0	.286	12.02	6.00
St 085 100%	.026	.021	.070	.040	.025	.021	.029	.021	.052	.046	.023	.018	.031	0	.052	12.02	0	.241	12.02	9.00
St 117 61%	.048	.041	.120	.065	.054	.037	.046	'.050	'.120	.	'.070	'.041	'.055	'0	'.120	15.02	'0	'.316	12.02	10.00
St 145 100%	.029	.022	.095	.046	.030	.022	.029	.022	.044	.042	.030	.018	.025	0	.044	10.02	0	.091	12.02	7.30
St 174 100%	.050	.045	.132	.066	.055	.042	.040	.045	.078	.076	.058	.040	.042	0	.078	15.02	0	.239	15.02	9.30

Die Berliner Luft (Stand: Februar 1999)

Fremde Bestandteile in der vielbesungenen Berliner Luft werden ständig gemessen und aufgezeichnet (siehe Graphik). Das Grillen von rohem Fleisch im Freien wird wegen der damit einhergehenden Luftverschmutzung scheel angesehen. Politisch Sensible vermuten in dem Grillvorbehalt eine Schikane nachgeordneter Behörden gegen die türkische Minderheit. Ein Zusammenhang zwischen Zigarettenrauch und Waldsterben ist noch nicht zweifelsfrei nachgewiesen, doch behauptet ein Fachblatt: «Wer täglich eine Packung Zigaretten raucht, verbraucht in zwei Wochen einen Baum.»*

Das Naturschutzzentrum Schleipfuhl, der Schöneberger Naturkostladen Haferstich und viele andere Einrichtungen setzen sich für eine neue Haltung zur Umwelt ein. Der Selbstanbau von Obst und Gemüse und dazu passende Komposttoiletten finden nicht nur bei jüngeren Ökochondern Anklang. Die Hinterhofbegrünung ist teilweise schon wieder in privater Hand. Ob sich Holzhackschnitzelheizungen durchsetzen werden, läßt sich zur Zeit noch nicht abschätzen. Mit dem Schutz von Fledermäusen und anderen Gebäudebrütern und der Kastration freilebender Katzen ist man ein gutes Stück vorangekommen.

Draußen auf der Hasenheide wird regelmäßig die Trommel für Mutter Erde gerührt, und die Lust auf Barfußlaufen erhöht in alternativen Kreisen die Heiratschancen wie in bürgerlichen ein dickes Bankkonto. Wer auf den Grün- und Erholungsflächen absolut keinen Platz mehr findet, frequentiert wenigstens eines der tropenholzfreien Cafés.

Wie so oft hat das Establishment die alternative Gedankenwelt rasch für sich in Beschlag genommen. Eine große Firma bietet mit Naturtiefkühlkost eine echte *contradictio in adjecto* an. Ein Straßentunnel in Neukölln

* Berliner Luft-Zeitung, Nr. 34, 1999

wird mit «Beton natur» gebaut. Und in der Daimler City verkauft eine globale Finanzierungsgesellschaft Milch, Bauernbrot und Honig direkt vom Erzeuger.

Tierliebe

Früher hielten Stadtbewohner sich Hühner zur Verwertung von Küchenabfällen. Ein Staubbad aus Asche, Sand und Insektenpulver sorgte für gesunde Tiere. Jüngsthin ist der Geflügelbestand stark zurückgegangen. Tiere werden nicht mehr zwecks Fleischversorgung, sondern aus Einsamkeit oder wegen des Prestiges gehalten. Eine Ausnahme bilden Polizeipferde. Nach Aktenlage wird der eine oder andere Zossen bei Erreichen der Altersgrenze zu Würstchen oder Buletten verarbeitet.

Der Ursprung der Arten liegt im Verwaltungsbezirk Marzahn begraben. Dort ist eine Hirschmaske aus dem 7. Jahrhundert vor Christus gefunden worden. In ganz Berlin mußte nach den Erkenntnissen von Raoul Hausmann im Cambrium mit Riesenlibellen gerechnet werden. Im Zeitalter der Aufklärung wurden die Naturalienkabinette mit Spezies bestückt, die uns vertrauter vorkom-

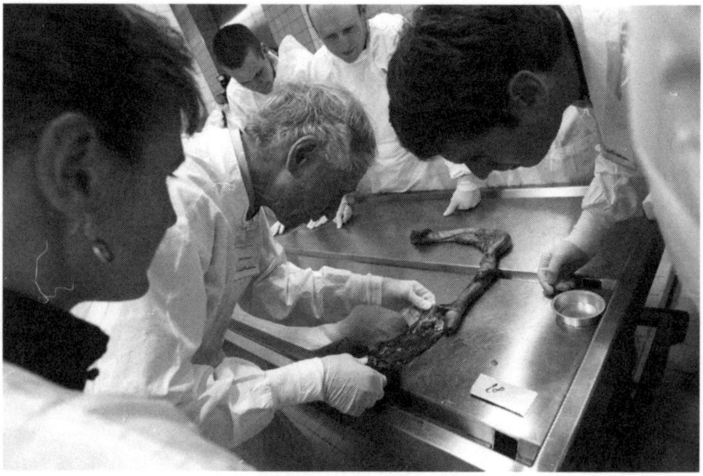

Pathologie eines Wisent-Penis: Wer iiiiiih sagt, fliegt raus

men: Bisamböcke, große wilde Schweine, hie und da ein schlüpfendes Krokodil. Am Institut für Zoo- und Wildforschung in Friedrichsfelde werden Organteile von Pythons, Amurtigern und Wisentbullen präpariert.

Wer durch Berlin schlendert, wird viele Tierbildnisse zu Gesicht bekommen: «Menschen und Tiere» von Horst Zickelbein in der Einsteinstraße; «Tiere und Landschaft» in Köpenick, in Auftrag gegeben von Helene Weigel; das Auerochsen-Denkmal am Alboinplatz. Das am meisten strapazierte Motiv sind ohne Frage Friedenstauben. In dem gigantischen IMAX-Kino am Marlene-Dietrich-Platz werden vor allem Tierfilme gezeigt. Ein Buch mit dem Titel «Ein Bernhardiner namens Möpschen» hat sich zum Longseller entwickelt. Die Sprache der Einheimischen ist auf weite Strecken ein Bestiarium: Neben Wendehälsen *(Jynx torquilla)* findet man Schluckspechte und Mauerspechte, Stasisäue und Stasiwanzen. So groß ist die Liebe der Berliner zu ihren Tieren, daß sie ihre Laute systematisch konservieren. Das Tierstimmenarchiv an der Invalidenstraße ist ein Dorado für jeden Bioakustiker. Wir lauschten dem authentischen Schmerzensschrei des Steinbeißers, dem Paarungsgeräusch der Preußenfische und schließlich noch dem Gelenkeknacken der Wolfsspinne.

Der Arbeitskreis Igelschutz e. V. ist einer der rührigsten. Auch Zwergtaucher, Flußregenpfeifer und Grasfrösche haben es gut in der Stadt. In Pankow wurden eigens Betonplattenwege rückgebaut, um diese empfindlichen Arten nicht zu beunruhigen. Der feinfühlige Demonstrant wird nur Eier von freilaufenden Hühnern als Wurfgeschosse verwenden. Symptomatisch ist das Schicksal einer Rhesusäffin. Tierversuchsgegner nahmen sie bei sich auf, entfernten die Elektroden an ihrem Kopf und verschlossen die Löcher in ihrer Schädeldecke mit Zahnarztzement. Ein großes Fest feierten die vereinigten Tierschützer, als bekannt wurde, daß eine Selbstschußanlage gegen Wühlmäuse nach hinten losgegangen und den Fallensteller getroffen hatte.

Die Wildschweine verlassen die Wälder und begeben sich auf Nahrungssuche in Zehlendorf und Charlottenburg. Im Grunewald ist ein Polizist von einem Wildschwein in die Flucht geschlagen, in Brandenburg ein Polizeihund schwer verletzt worden, noch ehe der finale Rettungsschuß gesetzt werden konnte. Die Senatsverwaltung empfiehlt, beim Auftauchen von Schwarzwild keine hastigen Bewegungen zu machen. Von den domestizierten Schweinen scheint uns das Düppeler Weideschwein den konsequentesten Beitrag zur Pflege von Kulturlandschaften zu leisten. Unbekannte Täter trieben am hellichten Tag ein Schwein über den Alexanderplatz. Die Polizei schritt ein und antwortete auf Nachfrage: «Dem Schwein geht es gut.»* Was Skeptiker angesichts des akuten Mangels an Organspendern für zweifelhaft halten. Womöglich muß bald wieder, wie in den 1970er Jahren, gegen das Schweinesystem protestiert werden.

Bei Ratten ist die Bevölkerung gespalten. Die einen sehen sich einer Rattenplage gegenüber, die sich durch Grillabfälle im Bezirk Tiergarten noch ausweiten wird. Andere halten sich Ratten als Haustiere oder handeln mit ihnen. Eine junge, gesunde Husky-Ratte ist nicht unter 25 Mark zu haben.

Im Todesstreifen gediehen Karnickel und Krähen. Ihre Zahl ist ebenso ungewiß wie die der Eichhörnchen. Eine Säugetierschutzgruppe will jetzt Näheres über die «flinken Kletterer» in Erfahrung bringen, alle Standorte mit Eichhörnchenbesetzung erfassen und eine Eichhörnchenzählung durchführen.

An den Plattenbauten von Marzahn und in Neuköllner Hinterhöfen kann man Hunderte Turmfalkenweib-

* Süddeutsche Zeitung vom 8. Dezember 1998

chen beobachten. Diesen Greifvögeln sind die Feldmäuse knapp geworden, weshalb sie Nistplätze im Innenstadtbereich aufsuchen. Mauersegler bevorzugen die älteren Villenviertel. Eichelhäher sind nur Durchzügler, Rotgänse zumeist Zooflüchtlinge, aber auf dem Rieselfeld Gatow klettert die Lerche an ihren bunten Liedern selig in die Luft. Mehlschwalben und Hausrotschwänze haben nach dem Naturschutzgesetz Anspruch auf städtischen Wohnraum. Den in Sanierungsgebieten aufgescheuchten Tieren werden neue Quartiere angeboten. Nur die Taube bleibt ein Outlaw. Mieter können Mietminderung verlangen, wenn Tauben auf Fenstersimsen gurren oder dort ihren Kot hinterlassen. Spatzen leben in der U-Bahn von den Krumen, die Fahrgäste aus ihren Ciabatas bröseln, und im Freien von Torpedokäfern. Torpedokäfer sind eine leichte Beute, da sie gewohnheitsmäßig mit dem Kopf gegen ein Ziel anrennen und umfallen.

Der Zilpzalp wird meist in Ruhleben oder auf dem Friedhof Heerstraße gesichtet. Mit Glück und Ausdauer kann der Avifaunistiker auch einmal einen Blick auf einen Mittelmeersteinschmätzer erhaschen. Und die Nachtigall? Der Bülbül fühlt sich auf dem Trümmeraufschüttungsgelände des Teufelsbergs ausgesprochen wohl.

Breitflügelfledermaus und Zwergfledermaus sind typische Cityfledermäuse. Die eine bewohnt den Westteil der Stadt mit seinen sanierten Bauten, die andere hält sich lieber in den verwahrlosten Altbauten und stillgelegten Brauereien Ostberlins auf. Beide Arten hegen eine Aversion gegen die überpflegten Grünanlagen der Innenstadt, weil dort der Lebensraum eng und die Spermatogenese problematisch ist. Die Quartiersnot mit speziellen Fledermausziegeln beheben zu wollen, klingt nicht unvernünftig. Bauherren, die fledermausgerechte Hohlblocksteine verbauen, können mit Bezuschussung rechnen.

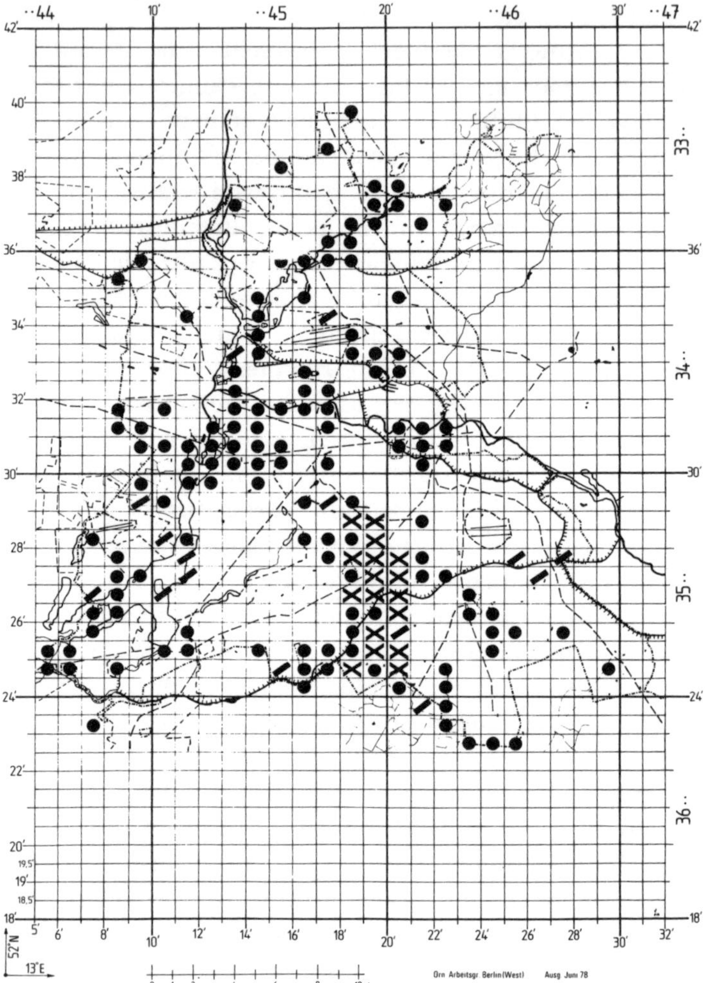

Brutmeldungen Nachtigall (*Luscinia megarhynchos*) im Stadtgebiet

Trotz der beachtlichen Zahl freilebender Tiere leistet sich die Stadt zwei zoologische Gärten mit Wildhalbeseln, Nabelschweinen, handaufgezogenen Schnee-Eulen und anderem Getier. Die Bevölkerung interessiert sich sehr für die Probleme bei der Haltung von Schlammschildkröten oder parasitierenden Nacktkiemerschnecken. Wenn bei einer der trächtigen Elefantinnen ein Dammschnitt fällig wird, gerät halb Berlin in einen Fiebertaumel. Ungewöhnlich groß ist die Vielfalt der Arten im Affenhaus. Obwohl sich die Tiere dort laut Prospekt wohlzufühlen haben, gelang einem Rotgesichtsmakaken unter unseren Augen über Schwachstromdrähte die Flucht. Die Schlangen des Ostberliner Tiergartens sollten nach der Wende abgewickelt werden. Dies scheiterte an lauten Protesten, wie denn überhaupt die Fusion zwischen Zoo (West) und Tiergarten (Ost) nicht so glatt vonstatten gehen will, wie die von Daimler und Chrysler. Die Futtermengen werden weiterhin hohe Beträge verschlingen, auch wenn der lokale Lebensmittelhandel mit altem Brot, Obst und Gemüse dazu beiträgt, die Kosten im Rahmen zu halten.

Im Inseratenteil der Presse werden immer wieder süße Miezen, heiße Stiefelkatzen und aktive Katerchen gesucht oder zur Einzelbetreuung angeboten. Die besondere Liebe des Berliners gehört freilich dem Hund. Sein Kläffen läßt ihn freudig erzittern. Der Hund, nicht der Bär, ist das wahre Totemtier der Stadt.

Die Hundetürkei erstreckte sich ursprünglich zwischen Tegeler und Dalldorfer Chaussee. Seither sind unendlich viele *inroads* in andere Bezirke gelegt worden mit Reinickendorf und Neukölln als Spitzenreitern. Die Zahl der registrierten Hunde beläuft sich auf 97000 bei steigender Tendenz. Dazu kommen 40000 Tiere ohne gültige Dokumente sowie die Rettungshunde des Roten Kreuzes und die Diensthunde der Polizei. Was Berlin an Menschen verliert, gewinnt es an Hunden. Das Hundesteueraufkommen beträgt knapp 22 Millionen Deutschmark. Wer sich gar nichts leisten kann, leistet sich noch einen Hund. Hohlwangige Rentner tappen mit fetten Kötern zur nächsten Apotheke und legen ihre letzten Groschen für vermifuge Mittel hin. Nach dem Hundekochbuch werden Terrierterrinen oder Retrieverrisotto aus Hühnermägen, Milch, Eiern, Reis, Weißbrot und Bouillon zusammengequirlt. Unter den Hochbahnen kauern Punkerinnen und liebkosen ihre vierbeinigen Freunde, von denen manche noch die Hundesonnenbrillen von der letzten Sonnenfinsternis auf der Schnauze tragen. In den poly-ethnischen Vierteln patrouillieren Türkengangs mit scharfen Pitbulls und Mastiffs.

Daß Dorothy Thompson, die Frau von Sinclair Lewis, den Reichskanzler Stresemann mit Du, seinen Hund aber mit Sie anredete, haben die Berliner nicht als Protokollfehler ausgelegt. Nach der bedingungslosen Kapitulation schickte der Dichter Wolfgang Weyrauch ein Bittgebet in den Himmel: «Gott hilf... Hilf dem Hund des Nachbarn in der Klosterstraße.» GIs adoptierten Hunde, deren Besitzer sie in der schlechten Zeit nicht mehr ernähren konnten.

Während der deutschen Teilung sind entlang der Mauer Zwinger für Wachhunde und Hundelaufanlagen installiert worden. Westliche Hunde durften in die Zone nicht mitgenommen werden. Ausnahme: Blindenführhunde. Jeder Verstoß wurde aktenkundig gemacht, so auch ein Zwischenfall an der Sektorengrenze zwischen Prenzlauer Berg (Ost) und dem Wedding (West):

> Am 15.10.73 passierte ein Schäferhund von Westberlin kommend die GÜST (Grenzübergangsstelle) Bornholmer Straße in Richtung Schönhauser Allee. Durchbruchszeit: 13.45 Uhr. Um 14.15 kehrte der Hund unkontrolliert auf dem gleichen Wege nach Westberlin zurück.

Hunde können sich der Aufmerksamkeit der Medien gewiß sein. Findet ein treuer Pudel nach langer Suche sein Frauchen wieder, ist dies dem *Berliner Kurier* eine Schlagzeile wert. Hundedamen erhalten blumige Namen

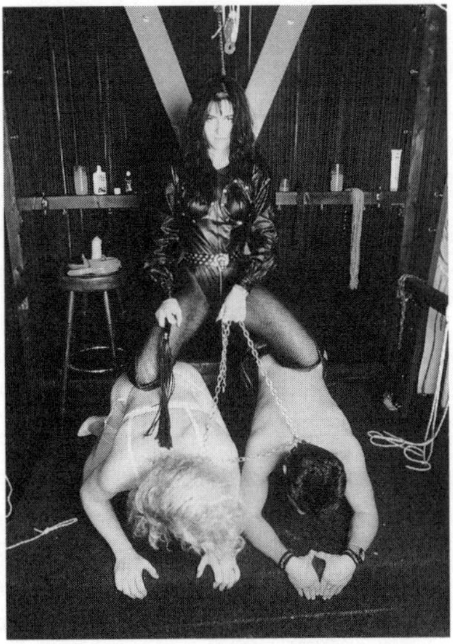

Leinenzwang – warum sollten sich Vierbeiner gegen etwas sträuben, was dem Homo sapiens sogar noch Spaß macht?

(«Aurora, Drecksau, gehst du aus dem Rinnstein raus»), werden verhätschelt und sind entsprechend sensibel. Berliner Schäferhunde fallen angeblich in eine Depression, wenn sie die Polizeihundprüfung nicht bestehen. Öffentliche Einrichtungen sind ums Wohl der Hunde besorgt. Am Grunewaldsee befindet sich eine amtliche Hundebadestelle. Privater Initiative verdankt das Hundemuseum in Weißensee sein Dasein. Dort konnten wir Hundeembryos in Spiritus und mißgebildete Welpen in Formalin besichtigen. Besonderen Gefallen fand meine Begleiterin an einer Strickjacke aus Hundewolle.

Nicht alles ist im Lot. Wegen zu häufiger Übergriffe auf Menschen und andere Tiere mußte die Verwaltung einen Leinen- und Maulkorbzwang verordnen. Mischlinge sind am beißfreudigsten. Verwahrloste Hunde wurden früher von den Knechten des Scharfrichters aufgegriffen, heute ist für solche Lebewesen das Referat II B der Stadtverwaltung für Tierfang (und Lotteriewesen) zuständig. Das Abgeordnetenhaus will die Leine auf maximal zwei Meter begrenzen. Hundehalter laufen dagegen Sturm, weil ihrer Meinung nach die Selbstverwirklichung des Vierbeiners über dem Leinenzwang steht. Trotzdem erhielt der uneinsichtige Besitzer eines mehrfach vorbestraften Hundes eine Gefängnisstrafe. Aggressive, zwingerneurotische und nicht mehr sozialisierbare Tiere dürfen eingeschläfert werden.

Hundegegner – und in einer Millionenstadt kommen von jeder sozialen Gruppe schnell ein paar tausend zusammen – profilieren sich mit herzlosen Bemerkungen à la «Ausjestoppt wär' mir der Köter lieber». Witze aus der Abteilung Hundekomik machen die Runde:

Kunde: «Ich brauche einen Hund.»
Verkäufer: «Was darf es für eine Rasse sein? Dogge? Spitz?»
Kunde: «Egal, Hauptsache sechs Leute werden davon satt.»

Reiseerfahrene Hundefeinde argumentieren, in Peking oder Shanghai sei die Hundehaltung generell verboten und nur gegen Zahlung von 10000 Yüan erlaubt, was kaum jemand aufbringen könne. Eine radikale Fraktion von Hundegegnern formierte sich am Hundekehlesee und hält konspirative Treffen am Schlachtensee ab.

Wie sehr die Fronten sich verhärtet haben, zeigt das folgende Beispiel. Die Hundegegner behaupten, durch Hundeurin würden Bäume dermaßen überdüngt, daß sie eingingen. Die Hundefreunde halten dagegen, das Angießen der jungen Bäumchen durch die Vierbeiner würde das Wachstum befördern.

Der Verein «Hund und Gesellschaft» hat es sich zur Aufgabe gemacht, Vorurteile gegenüber Hunden abzubauen, der Marginalisierung und Diffamierung von Hundehaltern Einhalt zu gebieten. Die Initiative «Pro Hund» möchte dem «Kesseltreiben» gegen diese Lebewesen ein Ende bereiten und vernünftige Kompromisse anstreben. Ein solcher Kompromiß zeichnet sich bei der Haftpflichtversicherung ab, die sich an der Fahrzeugversicherung orientieren könnte. Analog unfallfreien Autofahrern müßten verhaltensunauffällige Hunde einen Rabatt erhalten. Auch beim Leinenzwang, der in Hundeauslaufgebieten sowieso nicht gilt, ist ein Kompromiß vorgeschlagen worden. Der Regierende Bürgermeister meinte in einem Motuproprio, man müsse bei dieser Verordnung einen Unterschied machen zwischen Kampfhund und Dackel.

Besagte Kampfhunde bleiben ein Problem. Im Wedding – Hundebestand: 3621 – hat ein Kampfhundehalter sein Tier darauf dressiert, Lindenbäume bis auf eine Höhe von zwei Metern zu verbeißen, und viele nehmen diese Verbißschäden noch in Kauf, so lange sie nicht selbst gebissen werden. Ein bloßes «Aus!» bei einer Attacke wird in den wenigsten Fällen den gewünschten Erfolg zeitigen, und ein Tip aus dem «Ratgeber Kampfhund»* ist wahrscheinlich nicht jedermanns Sache: «An den Hinterbeinen greifen und wegschleudern.»

Vielleicht kommen die Forscher am Institut für Informatik an der angesehenen Humboldt-Universität ein Stück weiter. Sie experimentieren mit Hunderobotern, die Bälle suchen können und sich streicheln lassen.

* Ratgeber Kampfhund: Schutz und Abwehr von Hundeangriffen, Info & Rat Verlag, Berlin 1999

Exkurs über Hundeschmuck

In vielen uns bekannten Kulturen gibt die Schneeschmelze Anlaß zur Freude, ja Ausgelassenheit. Nicht so in Berlin. Dort ist das Frühjahr eine Zeit der Sorge und der Selbstreflexion, denn mit dem thermischen Effekt kommt der sogenannte Hundeschmuck zum Vorschein. *Cave canem,* ja schon, aber mehr noch vor seinen Ausscheidungen. Der festgefrorene *excremental matter* taut auf und vergiftet das hauptstädtische Klima.

Der geachtete Bürgermeister der Wiederaufbaujahre hatte ausgerufen «Völker der Welt, schaut auf diese Stadt» – und mehr noch auf seine Trottoirs. Der Flaneur d'aujourd'hui braucht einen sicheren Instinkt, sonst schlendert er in Hundekot. Lokalpatrioten versuchen das Ärgernis zu bagatellisieren und meinen «Kacke am Schuh is ooch 'n schönet Bukett», und in den östlichen Stadtrevieren kann man sich wenigstens damit trösten, daß die Pfützen auf den ramponierten Gehsteigen die Absätze synergetisch reinwaschen. Gleichwohl läßt sich nicht leugnen, was amtlich als das Berliner Hundekotproblem angesprochen wird – die jedem Bürger und Besucher in die Augen und die Nase stechenden Produkte hündischer Verdauung.

Köter kommt von Kot. Wäre der Begriff nicht schon vergeben, könnte man von Berlins Brauner Epoche reden. Hunde anderer Städte versuchen angestrengt, an die Produktivität ihrer Berliner Artgenossen heranzukommen – sechs Tonnen pro Tag allein in München –, doch nirgendwo werden die 40 Tonnen der Bundeshauptstadt erreicht, verteilt auf 350000 Häufchen, abgelegt auf Pflastersteinen und im weißen Sand der Spielplätze. Tretminen nennt sie der Volksmund. Die dreieinhalb Quadratmeter Grünfläche, die jedem Einwohner zustehen, sind in manchen Gegenden fast vollständig vermint. Phänomenologisch werden manche Tiere *prima facie* mit Sägemehl gefüttert, andere bringen teerfarbenen Stuhl hervor, doch am meisten Abscheu erregt der Exkrementalstil Fluxus nach Einnahme eines Drastikums.

Ein junger schwedischer Kynologe hat sich mit den Hinterlassenschaften befaßt und rein quantitativ eine Variationsbreite von der kleinen Brandenburgkartoffel bis zum metabolischen Monument ermittelt. Warum diese gehäuften Stoffwechselinformationen nicht gleich beseitigt werden, konnte auch er nicht ergründen, es sei denn, die Menschen zögen aus der Beschaffenheit des Stuhls bestimmte Schlußfolgerungen, so wie in anderen Kulturen aus Kaldaunen geweissagt oder im Kaffeesatz gelesen wird. Die Geomantie hat hier noch ein weites Feld vor sich.

Die Defäkation *in refracta dosi* ist zum Politikum geworden, da verdreckte Straßen mehr und mehr zahlungskräftige Bürger ins Umland treiben. Der sinkende Einkommenssteuerertrag kann mit der Hundesteuer nicht aufgefangen werden. Das neue Jahrtausend mit einem allgemeinen Leinenzwang anzusteuern, wird von Hundenarren als unbillige Härte empfunden und würde außerdem das Problem nicht lösen. «Ob der Hund nun freilaufend oder an der Leine sein Geschäft verrichtet, ist unerheblich», meinte ein Leserbriefschreiber namens Wolf, der es eigentlich wissen müßte.

Für das Abgeordnetenhaus kandidiert eine Dame, deren Wahlplattform nur aus dem Kampf gegen Hundedreck besteht. Die bisherigen Maßnahmen der Senatsverwaltung haben sie nicht zufriedenstellen können. Immerhin dürfen Hunde auf dem Rasen und im Gebüsch des Kollwitzplatzes ihre Notdurft nicht mehr verrichten, müssen vielmehr auf die umliegenden Gehsteige ausweichen. Die Bevölkerung soll für das Problem sensibilisiert wer-

Hinter dem Hund lauert der *City Cleaner* auf jenen Vorgang, der *in the fullness of time* eintreten wird

den. Aktionswochen «Rund um den Hundekot» wurden durchgeführt. Neuköllner Schüler ließen den Hundekot-Rap erschallen. Hundekotmaschinen mit Saugrüssel und 12 PS rückten zum Frühjahrsputz aus und beseitigten Gehwegzierden tonnenweise. Inzwischen stehen die Maschinen im Gesamtwert von einer halben Million Mark wieder still, weil sich keine sensiblen Fahrer auftreiben lassen.

Eine Werbeagentur wurde zu Rate gezogen, wie man den Mißbrauch des öffentlichen Raumes stoppen könne. Doch wurde ein ähnlich öffentlichkeitswirksamer Slogan wie in der bayerischen Landeshauptstadt («Es geht um die Wurst») nicht gefunden. Bisheriges Resultat der Überlegungen war ein Faltblatt, das mit den Hundesteuerbescheiden verschickt werden soll und den Titel trägt «Das ist ein Haufen Verantwortung». Hiervon unabhängig werden grünbefrackte Umweltpolizisten Bußgelder von fünfzig Mark für säumige Hundehalter verhängen.

Eine politische Lösung zeichnet sich in Charlottenburg ab. Dort werden Hundeauslaufgebiete ausgewiesen, wenn sich die Nutzer verpflichten, den Kot der Tiere zu entsorgen.

Stoffwechselprobleme sind im Grunde ein Thema der vergleichenden Physiologie, doch hat sich auch die postmodern eingestimmte Kultursoziologie des Sujets angenommen. Mit der Dekonstruktion von Hundekot, der Enthierarchisierung von Naturprodukten und einigen diffusionistischen Theorien sollte das Problem wenigstens begrifflich eingegrenzt werden. Die komparatistische Methode erwies sich als untauglich. Wenn in Kanada ein Mensch in Hundekot tritt, sagt man, er sei in den USA groß geworden. In Berlin fehlen Sündenbock und Sündenziege. Vermutlich werden die in Frage stehenden *patterns of culture* auf einer bestimmten Ebene des Bewußtseins sogar willkommen geheißen. Die unvergessene Claire Waldoff sang:

Wie süß mein Hündchen lacht,
Nanu, was hast du da gemacht?

Psychologisch gesehen kann auf den Hundeschmuck nicht ohne Kompensation verzichtet werden. Nach dem Mauerfall erkundigten sich Ostgoten im Westen nach Einkaufsmöglichkeiten für Plastekot. Ob sie wirklich in die Hagelberger Straße geschickt wurden, wo solche Simulacra zu erstehen sind, bleibt im dunkeln.

Liebesleben

Die Ursprünge der Berliner Sexualgeschichte, soweit bekannt, liegen unter der Jungfernbrücke. Spätestens ab 1748 mußten Bräute über diese Brücke laufen. Knarrte das Holz, war die Jungfräulichkeit bewiesen. Der Fruchtbarkeitsbrunnen am Arnswalder Platz bezeugt, daß Sexualität bis ins 20. Jahrhundert hinein in den Dienst der Fortpflanzung gestellt und von der entsprechenden Prüderie begleitet wurde. Bei der Eröffnung des Strandbads Wannsee wurden Handzettel zur Unterbindung des *male gaze* verteilt: «Damen, welche baden gehen wollen, nicht durch Anstarren zu belästigen!»

Schon längst hatte eine Künstlergruppe die Errichtung einer dadaistischen Geschlechtszentrale gefordert, doch reichte es nur zu einer Sexualberatungsstelle neben der alten Pumpenstation in Friedrichshain. Bedeutende Zeitgenossen taten ihr Möglichstes, eine Entkrampfung herbeizuführen. Als eine junge Dame sich nach einem Atelierbesuch bei Max Liebermann mit den Worten verabschiedete «Das war die schönste Stunde meines Lebens», versetzte der Meister «Na na, Frollein, det wolln ma denn doch nich hoffen». Einer der gefeiertsten Söhne der Stadt dichtete in seiner Ode an die Berlinerin:

Zieren bis zwölf Uhr dreißig
Küssen bis nachts um zwei

Der Volksmund wurde noch um eine Nuance deutlicher: Hitze hat se, sagt se, meint se, hätt' se.

Nach den Kriegen stellte sich jäh Frauenüberschuß ein, am spürbarsten in den Bezirken Mitte, Kreuzberg und Prenzlauer Berg. Das demographische Mißverhältnis war der ideale Nährboden für Sexualneid und Maledicta wie Amischickse oder Russenflittchen. Im Palast der 3000

– so genannt nach seinem Fassungsvermögen – wurden Kerle auf die Kulisse gemalt, um über den Mangel an männlichen Tanzpartnern hinwegzutäuschen.

Im Spruchbüchlein des alten Berliners stand der Satz «In der Jugend gut gebürstet ist im Alter gut gekämmt». Der Ablauf war im Großenganzen festgelegt. Erst machte man dem anderen Geschlecht verliebte Nasenlöcher. Dann kam die Einladung auf eine Molle in der Kastanienallee. Bald flogen Koseworte hin und her. Allzu große Sentimentalitäten kamen beim Liebeswerben nicht auf: «Aas, liebe mir! Oder ick zerhack dir die Kommode.»

Die Haltung zur ehelichen Gemeinschaft wirkt abgeklärt. «Mann is Mann, und wenn er in't Bette sitzt und hustet.» Wie bei den zentralafrikanischen Yansi wird das Ehegespons nie an die erste Stelle gesetzt, wenn nach dem liebsten Menschen gefragt war. Oller, Seitengewehr oder Erinnye sind alltägliche Signifikate. Die Frage, was ihn an seiner Frau nach zwanzig Jahren Ehe noch reize, beantwortete einer unserer Informanten ohne Zögern: «Jedes Wort.» Frauen sprechen Potenzprobleme ihrer Männer offen an. Warum er sich nicht abends rasiere, wollte sie wissen, nachdem er getönt hatte, er fühle sich nach der morgendlichen Rasur zehn Jahre jünger.

Ein Altersunterschied zwischen Gatten gibt Anlaß zu längeren Erörterungen über *impotentia conjugalis*. Heiratet eine hübsche junge Frau einen reichen alten Mann, heißt es: «Sie nimmt ihn auf Abbruch und behält die Baustelle.» Wenn der Ehepartner nicht einmal mehr zur Grundversorgung taugt, kommen Beseitigungswünsche auf: «Damals wollt' ick ihr auffressen vor Liebe. Hätt' ick's man jetan, dann wär'se weg.» Ein anderer Ehekrüppel verlangte in einer Apotheke ein Pfund Strychnin. Der Apotheker wollte das Rezept sehen. Darauf der Mann: «Jenücht et nich, wenn ick Ihnen det Foto von meine Frau zeije?»

In derlei Äußerungen ließe sich ein frauenfeindlicher Zug hineininterpretieren.

Unleugbar ist die Einstellung zur Ehe freier geworden. Verheiratete sehen den Bund fürs Leben nicht mehr als christliches Proprium an und nehmen sich das Recht auf eine Zweitfrau nach dem Vorbild der anatolischen Aleviten aus dem Nachbarblock, oder sie bekunden ehrliches Interesse an einer kultivierten Heimlichtuerei. Ein wachsendes Bevölkerungssegment gibt sich misogam, weil eine Eheschließung vor dem 40. Lebensjahr zu früh und nach dem 40. zu spät ist. Ein Junggeselle ist nach landläufiger Definition jemand, dem zum Glück die Frau fehlt. Statt einer Gattin begnügt er sich mit wechselnden, möglichst crashtauglichen Gefährtinnen und weiß auch, wo solche zu haben sind. In Clärchen's Ballhaus an der Auguststraße und in anderen Tanzlokalen begutachtet er «dit Material», das sind die weiblichen Gäste, ehe er das tänzerische Zueinander sucht. Ein guter Feger, einer der die Ecken austanzt, wird keine Probleme haben, rivalisierende Geschlechtsgenossen abzudrängen und zu jenem Spiel zu finden, das den Bestand der Welt sichert. In Ostberlin ist fast jedes zweite Lebendgeborene unehelich.

Neue Formen des Geschlechtlichen zeichneten sich in den frühen 1960er Jahren ab, als der Sänger Jim Reeves sich als Anhänger des Telefonsex outete («Put your sweet lips a little closer to the phone») und eine Senkung der Eintrittspreise die Dessousparties praktisch für jedermann erschwinglich machte. Nach dem alten Lautgedicht «Nimm se du se dir se denn se doch» wurde der Partnertausch fast so selbstverständlich wie bei schriftlosen Wildbeuterethnien. Der Swingerclub «Zwielicht II» an der Gneisenaustraße und andere Stätten des zirkulierenden Konnubiums gehören zum Stadtbild.

Auf dem Gebiet der Sexualität stieß die Politik des Wandels durch Annäherung an ihre Grenzen. Texte und

Bilder unzüchtigen Charakters blieben an den Checkpoints hängen. Die sozialistischen Leitungsgremien sahen es gerne, wenn in der Liebe die Norm ausnahmsweise nicht erfüllt wurde. Neue Entwicklungen sind kaum wahrgenommen worden. Gut, es gab Mondos, doch auf der Sado-Schiene hinkte der Osten hinterher. Dies hatte zum Teil ökonomische Ursachen. Die isolierte DDR war besonders hart von der Weltlederkrise betroffen und mußte vermehrt Kunstleder herstellen. Und wer wollte schon mit einer Karbatsche aus Lederol aufkreuzen? Bisexuelle existierten nur nominell. Weil ein Titel in der DDR unveränderlicher Bestandteil des Namens war, hieß der Galerist Jürgen Schweinebraden nach seiner Verehelichung mit Barbara Freifrau von Wichmann-Eichhorn unweigerlich Jürgen Schweinebraden Freifrau von Wichmann-Eichhorn.

Nach der Wende las man in den Heiratsannoncen die Abkürzung «m.-l. W.A.»* wieder seltener. Frauen legten sich neue Rufnamen zu, Annalita oder Sklavia. Wer schon zu viel Biographie im Gesicht trug, nahm die Dienste von Kosmetik-Instituten mit speziellem Hochzeits-Make-up in Anspruch. Aus männlicher Perspektive war eine Wahl zu treffen zwischen Wessi-Tussi und Ossi-Tussi. In jedem Fall mußte bei der Partnersuche die Zielgruppenauswahl stimmen. Die kostengünstigsten Heiratsanzeigen waren solche, bei denen die Erwartung auf den kleinsten gemeinsamen Nenner gebracht wurde: «Mann sucht geile Frau.»

Die wiedervereinigte Stadt hat jederlei Verdrucktheit in Sachen Geschlechtsgenuß abgelegt. Dies mußte ein aus dem westfälischen Münster hierher versetzter Junglehrer erfahren, der einen Schüler gefragt hatte, was für ihn das Schönste im Leben sei, und zur Antwort erhielt: «Det Scheenste is immer noch mit eener Frau im Bette zu lie-

* marxistisch-leninistische Weltanschauung

jen.» Freimütig bekennt der Berliner, daß er die Betten «jut injerammelt» liebt. In einem Möbelgeschäft an der Kantstraße ist das Bett Modell «Arena» der Verkaufsschlager schlechthin.

Das an den Hängen des Havelufers gedeihende Hasengeil hatte unmittelbare Folgen nicht nur für den pubertierenden Teil der Einwohnerschaft. Gleich gegenüber dem Luxushotel Radisson machte die Kneipe «Zungenkuß» auf, und im Bezirk Schöneberg bildete sich die Selbsthilfegruppe der Anonymen Sex- und Liebessüchtigen.

Steglitz oder Spandau, Alt-Mariendorfer Güntzelstraße oder Britzer Damm – so gut wie in jedem Stadtteil läßt sich gegen Geld Coitum exerzieren. Zu beachten sind einige örtliche Besonderheiten. Die Schulstraße im Wedding wird wegen Lack und Latex aufgesucht, Berlin-Mitte wegen Schaftstiefeln und der klassischen Fußerotik. Am Baby- und Drogenstrich an der Kurfürstenstraße schätzt man die schnelle Bedienung («Fünf-Minuten-Terrine»). Der Columbiadamm ist das traditionelle Schweifgebiet der Dominae.

In der Haarbeutelzeit, da das Laster noch Namen trug wie Potsdamer Pauline, Schwefel-Marie oder Officier-Jette, da die Studenten-Cläre binnen einer Stunde zwanzig Seidel Bier hinunterstürzte, galt die Prostitution noch als rohe Kulturlosigkeit. In den Theatern durften öffentliche Frauen weder in Logen noch auf dem Sperrsitz Platz nehmen. Erst später wurde das Verbot gelockert und der Sperrsitz allgemein zugänglich gemacht. Ein königlicher Kriminalkommissar zählte 1 Lohndirne auf 6–7 männliche Einwohner. Wer neben Körperschönheit ein wenig sittliche Bildung mitbrachte, durfte es in eleganten Metzenhäusern mit reichen, wüsten Herren treiben wie die Esel im Wasser. Das Bild von Berlin als einer Stadt käuflicher Liebe hatte sich im Ausland so festgesetzt, daß ein bekannter amerikanischer Saufkopf («Haben und Nichthaben») der Schauspielerin Käthe Dorsch 100 Dollar für eine Nacht bot.

Für diesen Betrag würde man heute nicht einmal mehr einen Stellplatz an der Oranienburger Straße kriegen. Dort, auf der «O», patrouillierten schon zu DDR-Zeiten die Bordsteinschwalben, bis gegen 4 Uhr früh der Geschäftsdruck langsam nachließ. So wie die Traufhöhe die Wohnhäuser etwas monoton erscheinen läßt, so haben sich die Prostituierten einen Einheitslook zugelegt, doch sollen sich im Angebot auch einige Studentinnen befinden. Etwas radikal Neues wäre das nicht. Auch früher gab es neben Tanz-, Absteige- und Badedirnen die feinere Sorte aus Choristinnen, Ballettspringerinnen und verdorbenen Töchtern der besseren Stände.

30000 Berliner lassen sich täglich auf die Auen der Ausschweifung locken. Das macht einen Jahresumsatz von einer Milliarde. Der Betrag ist steuerpflichtig. Anläßlich einer Arbeitsniederlegung sahen wir eine Domina drohend die Peitsche schwingen, nicht zwecks sexueller Wunscherfüllung, sondern um der Forderung nach Eintritt in die Kranken- und Rentenkasse Nachdruck zu verleihen.

Nirgendwo ist mit der Globalisierung des Fleischmarktes so konsequent Ernst gemacht worden wie in Berlin; rund die Hälfte der 7000 Prostituierten kommt aus dem Ausland. Eine Diskriminierung bestimmter Rassen oder Nationen findet nicht statt. Die französische Hexe aus der Quitzowstraße erhält ihre Chance genau wie das Karibikmodell in Moabit oder die Lady mit dem afrikanischen Riesen-Podex in der Friedenau. Der hart umkämpfte Markt verlangt die Bildung transkontinentaler Arbeitsgemeinschaften:

Afrika – Polen – China
3 Modelle besuchen, Tel.

Die Angebotspalette reicht von einem niedlichen, nur 1,34 Meter großen Thaimodell («sind so kleine Hände») aus der Heinz-Galinski-Allee über ein 220 Pfund schweres Privatmodell bis zur 330pfündigen Molly, die sich als Deutschlands dickste Hostess verkauft und nach Auskunft von Kennern auf absehbare Zeit nicht zu toppen ist.

Gelitten hat der innerstädtische Verkehr, weil Prostituierte aus Hotels und Pensionen zugunsten von Asylbewerbern expropriiert worden sind, die mehr Cash einbringen.

Der Zufall hatte uns in die Schöneberger Motzstraße geführt. Von Fenstern und Balkonen eines *Maison des hommes* wehten Fahnen in den Regenbogenfarben. Es gibt auch diskretere Hinweise auf gleichgeschlechtliche Bedarfsgemeinschaften. In der Liebenwalder Straße im Wedding parken Anwohner ihre Pkws mit dem Heck zum Gehsteig. Wer den Code lesen kann, wird auch verstehen, warum sich in der Sauna am Wittenbergplatz gleich neben dem Solarium ein *darkroom* befindet. Die Berliner Badebetriebe haben eine bestimmte Tradition zu verteidigen. Jeder konnte sehen, daß die enormen Zinkbadewannen im Badebau für Männer des Bezirksamts Mitte viel zu groß waren für einen einzelnen Menschen.

Die Zeit homo-erotischer Exzesse in den Garde-Regimentern ist zwar vorbei, doch gibt es immer noch eine Berliner Truppe schwuler Militärliebhaber mit E-Mail und Internetadresse. Homosexuelle über 40 wählten die Devise *gay & grey*, und die Interessengemeinschaft schwuler Hobbymeteorologen läßt sich unter der Postfachanschrift *Warmfront* erreichen. Homophile Turner treffen sich allwöchentlich. Im Frühjahr findet ein schwules Ringertreffen statt.

Berlins Homosexuelle haben ihr eigenes Magazin und ihr eigenes Museum. Es liegt, wie die Berliner Zeitung anzüglich schrieb, in einem schummrigen Hinterhof von Kreuzberg. Die Adressen der schwulen Szene kann jeder im Baedeker nachschlagen. Nach außen hin wird Heterosexualität toleriert, doch hinter vorgehaltener Hand für eine Perversion gehalten.

In den USA tobte gerade ein Bürgerkrieg, da wurde eine Berlinerin in die Irrenabteilung der Charité eingeliefert. Sie litt «an einer Wuth, Frauen zu lieben und mit ihnen außer Scherzen und Küssen Onanie zu treiben». Die Diagnose «conträre Sexualempfindung» ließ nach ärztlicher Meinung auf geistige Schwäche schließen. Der Staat hat lange versucht, derlei Empfindungen zu unterdrücken. Vor dem Ersten Weltkrieg war es Damen polizeilich verboten, nach elf Uhr abends in einem Herrenanzug auf Theaterbühnen zu erscheinen. Aber die Tribadie war nicht unterzukriegen. Schon in den Golden Twenties hatten sich «Bubis» und «Mädis» in einem Tanzpalast getroffen, ihre eigene Wochenzeitung «Frauenliebe» herausgegeben und sich im Matrosenanzug beim Tauziehen amüsiert. Heute gibt es bei der Polizei einen Ansprechpartner für gleichgeschlechtlich Zusammenlebende. Das Problem ist nur, daß es vielfach nicht bei der sexuellen Beziehung bleibt («Zwei lesbische Frauen suchen ebensolche zum Badminton und/oder Skatspielen.»)

Nicht weniger als 1200 Teilhaberinnen zählt die Frauengenossinnenschaft «Weiberwirtschaft» in der Anklamer Straße. In der Vergnügungsindustrie ist wie selbstverständlich neben den DJ die Djane getreten. Der Kampf um das Suffix ist auch für Drogengebraucherinnen ausgestanden. Die Homoaktivistin Ovo Maltine, der Frauenverein «Raupe & Schmetterling» und viele andere haben die Idee der Gleichberechtigung nahezu vollendet.

Nur weniges bleibt noch zu tun. Die Zehlendorfer Stadtbibliothek nach Gottfried Benn zu taufen wollen nicht alle hinnehmen, hat dieser Mann doch bedauert,

In Berlin gibt es mehr als zwei Geschlechter

daß Frauen keine Kaninchen sind. Eine feministische Initiative gegen die Gans zu Füßen der Heiligen Gertraud auf der Gertraudenbrücke rechnet sich gute Erfolgschancen aus. So sicher fühlen sich die Frauen ihrer Sache, daß sie nach dem Quotenmann Ausschau halten:

> Grenzerfahrung für Männer! Singen im Chor! Unsere Frauenquote ist erfüllt. Bei gleicher Qualifikation Männer bevorzugt.
> Tel.

Hie und da ist es sogar schon zu Fällen umgekehrter Diskriminierung gekommen. Weibliche Sozialhilfeempfängerinnen erhalten aus der Bezirkskasse über hundert Mark mehr Kleidergeld als männliche.

Es ist eine historische Tatsache, daß in der Luisenstraße Zimmermädchen mit dem Teppichklopfer in der Hand an die Türen bestimmter Pensionsgäste klopften.

Leider sind diese Formen der Gewalt bis heute nicht ganz ausgemerzt worden. In den illustrierten Stadtzeitungen wird zur Zucht mit Unabhängigen offen eingeladen. «Welche Frau braucht gelegentlich etwas auf den Hintern?» oder «Wer möchte meiner attraktiven Freundin in meinem Beisein den Hintern versohlen?» Der Menschenrechtsreport des U.S.-Außenministeriums verschweigt solche Entgleisungen, geflissentlich übersehen wird auch das Schicksal jener erbarmungswürdigen Kreaturen, die nachts am Zaun des Airport Tempelhof mehr oder weniger kunstgerecht ausgepeitscht werden. Gegenüber Verbündeten herrschen offenbar andere Maßstäbe, und so werden wir uns mit dem Gedanken befreunden müssen, daß es weiterhin Opfersinnige geben wird, die bei dem Wort Strafraum nicht an Fußball denken.

Wer nicht glaubt, daß es mehr als drei Geschlechter gibt, braucht nur einmal an einem Open-Air-Perücken-Transgender-Event teilzunehmen. X- und Y-Chromosomen werden bunt durcheinandergewürfelt, und geschlechtliche Ausbeutung ist schon deshalb schwierig, weil bei fließenden Übergängen unklar ist, wer wen unterdrücken sollte. Anatomie als Schicksal? Nicht in Berlin. Der Weg vom Er zur Sie ist nicht einmal mehr eine Geldfrage. Naturgetreue Brustprothesen und Bartabdeckcremes sind auch aus einem schmalen Geldbeutel bezahlbar. Transvestismus als Thema bei der Berlinale erzeugte Kopfschütteln, denn dies ist in Berlin immer ein Thema. Angesichts der Transen und Tucken, der Fußfreunde und Fetischisten, der Männinnen, Crossdresser und Geschlechtsunentschlossenen möchte man mit den alten Berlinern ausrufen: «Wer kann for de Liebe!»

In einer Suchanzeige hielt eine Genderwoman Ausschau nach einer Gleichgesinnten zur gemeinsamen Dekonstruktion. Unsere Befürchtung, die Sexualität könnte an ihrer Verwissenschaftlichung Schaden nehmen, war sicher nicht ganz unbegründet, verflüchtigte sich jedoch, als wir in Schöneberg ein großes Bettlaken aus einem Fenster hängen sahen, auf dem die Worte standen:

HABT EUCH LIEB
LIEBT EUCH WIE DIE WALE

Gastronomie

Friedrich Nicolai, in seinem Realismus, hatte es erfaßt: «Das erste, wonach ein Fremder fragen wird, ist wohl ein gutes Wirtshaus.» Zu seiner Zeit waren in den Herbergen die Zimmer nach hinten hinaus billiger als die nach vorn und verstanden sich meistens «mit Licht». Bis 8 Uhr am nächsten Morgen mußten fremde Logiergäste auf eigenen «Zettuln» der Obrigkeit gemeldet werden. Wer einen säumigen Wirt anzeigte, erhielt ein Viertel vom Strafgeld.

Die höchste gastronomische Konzentration wurde zum Fin-de-siècle erreicht: Auf 129 Einwohner kam eine Kneipe, doppelt so viele wie in Leipzig. In der Weimarer Zeit gab es noch immer 20000 Schank- und Gaststätten. Zu Beginn der Besatzungszeit mußte ein Konflikt ausgetragen werden, weil verschiedentlich untergewichtige Wurst in Verkehr gebracht worden war. Aber dann besserte sich das Verhältnis, es gelang sogar, den Alliierten eine totale Aufhebung der Polizeistunde abzuschwatzen. Seither gibt es in Berlin keine Sperrstunde.

Die größte Lokaldichte findet man in Charlottenburg. In anderen Bezirken mußten viele gastronomische Betriebe schließen, so das russische Restaurant MOCKBA an der einstigen Stalinallee. Die Terrasse dieses stark frequentierten Lokals («Sie werden platziert!») ist nicht einmal mehr bestuhlt. Insgesamt ergibt sich eine rückläufige Tendenz, doch in manchen Vierteln, etwa um den Zionskirchplatz, hat eine richtiggehende Verkneippung eingesetzt: Kohlehandlungen, Blumenläden, Malerbetriebe mutieren zu Lokalen. Die Investoren tun sich schwer, immer wieder neue Namen zu erfinden. So gibt es zum Beispiel schon zwei Cafés «Mittendrin», und das «Happy Hour» in Babelsberg wird wohl nicht das einzige dieses

Namens sein. Im «Oxymoron» in den Hackeschen Höfen braucht man schon das kleine Graecum, um in den Vollgenuß der Erlebnisgastronomie zu kommen. «Geierwallys Stieftochter im Ausland» merkt man an, daß Stil und Tonus bis zum Zerreißpunkt strapaziert worden sind.

Die Innenarchitektur der Lokale reicht vom durchgekachelten Schlachthofdesign über Monoblockstühle bis zum kleinbürgerlichen Interieur im «Kamin's» an der Ecke Albrecht- und Marienstraße, wo sechs Biertrinker in stummer Verzweiflung um einen Blechtisch gruppiert sind. Das «Bauhausstil-Restaurant» am Kollwitzplatz ist mit Sitzgelegenheiten aus Stahlrohrrahmen ausgerüstet. Die Schenke in der Spandauer Zitadelle, zuletzt als Heeresgasschutzlaboratorium genutzt, hat sich auf ihre mittelalterliche Vergangenheit besonnen. Auch die Speisekarte stammt von anno dunnemals. Wir wählten eine Suppe von Hennerfleysch mit Kreytern gesotten, als Hauptgericht Speys von guetigen Lehnsherrn und als Nachtisch Burgfrauleins heimliche Schlemmerey zu 9.80. Ein Dialog am Nachbartisch holte uns in die Gegenwart zurück:

Gast: Herr Ober, das Hühnerfrikassee war aber vorletzte Woche besser.

Kellner: Det kann nicht sein, meen Herr, det war von dieselbe Huhn.

Nach einem kurzen Aufenthalt im «Ali Baba und die 40 Hähnchen» in der Danziger Straße waren wir geneigt, dem Direktor des Instituts für Zukunftsforschung recht zu geben. Für ihn droht Berlin in den Exkrementen der Fast-Food-Kultur zu ersticken. Das «Mexicana Quick Food» am Mehringdamm oder das «Präsident Kebab», eine Dönerstation in Potsdam, können nur wenig dazu beitragen, solche Befürchtungen zu zerstreuen.

Im «Café Anal» beim Görlitzer Bahnhof und im «Anderen Ufer» am Kleistpark kommt es nicht so sehr auf die Stimulierung der Geschmacksknospen an. Im «Lukiluki» besteht die Hauptattraktion aus den Oben-Ohne-Kellnern. Erstaunlich fanden wir, wie sehr ältere Bürger noch am gastronomischen Betrieb teilnehmen. Seniorentreffs in der «Paris Bar» oder dem bemoosten «Zwiebelfisch» sind immer gut besucht. In der «Catacombe» an der Eichendorffstraße begegneten wir einem über neunzigjährigen Gast, der keine Mühe hatte, dem Programm zu folgen und dem nur die Striemen vor seiner Hausärztin peinlich sind.

Für das Gaststättenpersonal gilt während der Hochsaison Urlaubssperre. «Jetzt ist Erntezeit», wissen die Kellner, wenn im Juli die Touristen hereinströmen. Köpenick nennt ein ausgeklügeltes Besucherleitsystem sein eigen. Damit nicht alle auf einmal zu dem berühmten Rathaus pilgern, sind stilisierte Fußabdrücke aufs Pflaster gemalt worden, die zu anderen Sehenswürdigkeiten führen und für einen höheren Verteilungsgrad sorgen.

In der Hotellerie ist das Auslastungsoptimum noch nicht erreicht, doch können es sich manche Häuser leisten, auf bestimmte Gäste zu verzichten. Wer Yankees fernhalten will, baut auf den Fluren die Maschinen für gestoßenes Eis ab. Besonders helle Glühbirnen scheuchen Gäste über 30 aus dem Bistro. Das ewige Handtuch auf der Toilette schreckt Skandinavier ab.

Rauchen macht dumm. Die Tadschikische Teestube und einige andere Gaststätten beherzigen das Goetheanische Diktum und untersagen in ihren Räumen den Genuß von Nikotin.* Doch im allgemeinen scheint hier die Erkenntnis, daß Rauchen gesundheitsschädlich ist, im Trubel der Ereignisse untergegangen zu sein. Man kann darauf warten, bis sich jemand – wie die Einheimischen sagen – einen Stinkbolzen in die Fresse rammelt, und sei

* Jean Nicot (1530–1600)

es nur, damit man sieht, wo vorne ist. Die Nikotinsucht geht quer durch alle Schichten. In der Volksgaststätte an der Rosa-Luxemburg-Straße wird allmonatlich eine Cigar's Night veranstaltet, während sich am vornehmen Gendarmenmarkt die Businesselite ihre Havannas aus dem persönlichen Humidor holt.

Wer früher auf der Straße rauchte, bekam Ärger mit den Schutzleuten. Die demokratische Revolution setzte dieser Beschränkung ein Ende, später erstrebten auch Frauen das Recht auf teerhaltige Genußgifte. Die Tabakkrümel der Marke «Supersolem», die Claire Waldoff in ihre Tonstummelpfeife stopfte, waren emanzipatorisch besetzt. In der Nachkriegszeit wurde Tabak in Schrebergärten und Hinterhöfen angebaut, die Blätter getrocknet, mit Pflaumensud besprüht, das Endprodukt zu Virginia-Zigaretten deklariert, die allerdings am besten *extra muros* zu inhalieren waren.

Momentan ist der Konsum rückläufig, doch müssen die 93 Milliarden Zigaretten der ortsansässigen Tabakindustrie irgendwie verbraucht werden. In den Rauchverbotszonen der U- und S-Bahnhöfe ist die brennende Zigarette Ausdruck persönlicher Freiheit. Näherhin wird sich die Gewohnheit auf die Bevölkerungsstatistik auswirken. Die eine Hälfte zieht ins Umland, die andre stirbt am Lungenkarzinom.

Ernährung

Möglichst gut gesalzen mundete der zahme und Wildbraten Friedrich dem Großen am besten, verdiente Durchlaucht doch an der Salzsteuer. Wer bei Hofe vorankommen wollte, ließ bei Sr. Majestät durchblicken, daß er Salzgurken und gut gepökelte Heringe liebte.

Heil dir im Siegeskranz
Pellkartoffeln und Heringsschwanz

Loyalisten bereiteten ihre Familien mit Zebuhöckern, Flußpferdfleisch und juvenilen Störchen auf das Menü in den deutschen Kolonien vor – nach der Hausmannskost eine gewaltige Umstellung. Scheffler nannte Berlin «die eigentliche Stadt der Konserven, des Büchsengemüses und der Universaltunke». Auf dem sandigen Boden der Mark wollte nichts Schmackhaftes gedeihen.

Nach dem letzten großen Kriege verzehrten die Menschen Stalinbutter aus Hefemilch und Majoran, Rotzfadensuppe aus geriebenen Kartoffeln in Salzwasser und hie und da mal einen Fetzen Fleisch aus einem Pferdekadaver. Pro Kopf gab es 200 Gramm Brot. Kein Wunder, daß um die Rosinenbomber der Air Force ein Cargo-Kult entstand. Der sozialistische Teil des Gemeinwesens erarbeitete sich eine eigene Speisekarte. Dazu zählten neben dem allbekannten Broiler die Grilletta (Hamburger), die Ketwurst (Hot dog) und die Wurst am Stengel (Mais). Die Pizza wurde in Krusta umbenannt. Noch Jahre nach dem Zusammenbruch des politischen Systems hat es in der Stargarder Straße eine Krusta-Stube gegeben. Dagegen scheint die Sättigungsbeilage eine Propagandalüge des Westens gewesen zu sein.* Zur Zeit der Währungsunion

* Rundbrief zur Dokumentation der DDR-Alltagskultur, Oktober 1997, Seite 9f.

wurde die Kiwi-Frucht als Exoticum gehandelt und anfangs samt Schale verspeist. Nicht auszurotten die Maggisuppen, die der Westen am liebsten aus der Nahrungskette genommen hätte.

Die Gesamtberliner Küche steht im Ruf der Monotonie, doch weiß der Kenner um ihre Vielgestaltigkeit. Das Grundnahrungsmittel Kartoffel tritt als Salzkartoffel, Speckkartoffel, Kartoffelpuffer oder Bratkartoffel in Erscheinung. Die Bratkartoffel ist eine «uff Rand jenähte» Pellkartoffel. Die heimische Küche bewegt nicht die Welt, aber dank reichlich Kartoffeln und Hülsenfrüchten doch den Darm. Das Restaurant «Kartoffelkeller» in der Albrechtstraße macht aus der Not eine Tugend und serviert ausschließlich Kartoffelgerichte. Schweinefleisch wird als Schweinehack, Schweinenacken, Schweinepökelkamm, Schweinerippchen oder Schweineschnauze angeboten, Rüben als Steckrüben, Mohrrüben oder Teltower Rübchen. An Sonntagen beleben Graupen, Schmorgurken oder auch einmal ein Kalbsgeschlinge den Küchenzettel. Am wohlsten fühlt sich der Berliner, wenn auf dem Herd die Kartoffeln bollern. Er bevorzugt ein simples, «Karo einfach» genanntes Mahl. Sauerkohl gehört dazu oder Hackepeterschrippen, ferner Kasseler Rippenspeer, so benannt nach dem Berliner Schlächter Cassel.

Bier und Wurst bilden das Fundament allen gustometrischen Denkens. Der Hauptmann von Köpenick gab seinen Soldaten ein paar Taler ab «für Bier und Bockwurst». Die Currywurst ist in Berlin erfunden worden. Sie führt eine duale Existenz: ganz oder geschnitten; mit oder ohne Ketchup; mit oder ohne Darm. Konnopke's «Bratwurst ohne» in Prenzlauer Berg repräsentiert für die Stammkundschaft wahres Sein ohne Illusion. Technisch wird die darmlose Wurst ermöglicht durch besondere Leimbildner, die eine Eigenhaut erzeugen. Auch die «Spandauer» kommt ohne Pelle und wird zugespritzt mit Ketchup, dessen Zusammensetzung aus gutem Grund geheimgehalten wird. Die Würste dürften vorwiegend aus deutschem Fleisch bestehen, doch läßt sich die Herkunft nicht in allen Fällen bis zu den Elterntieren zurückverfolgen. Manche nehmen Nudelsalat zur Wurst, doch wählen die meisten Pommes frites rot-weiß, mit Ketchup und Mayonnaise. An einer Imbißbude in Friedrichshain steht folgerichtig: «I like pom fritz.» Auf Nachfrage wurde uns versichert, das Fett in der Fritteuse werde fast täglich erneuert.

Die Wurstverkäufer wirken in ihren gestärkten Kochjacken meist etwas *over-dressed.* Nicht so der Wurstbrater am Lützowplatz, der früher Obduktionsassistent war und sich beim Schneiden der Currywurst in mundgerechte Stücke wünscht, er hätte seinen Berufsweg in umgekehrter Richtung abgeschritten. Apropos: Ein Neuköllner Fleischermeister war es, der unter 600 Mitbewerbern den Internationalen Pokal für die beste Blutwurst Europas eingeheimst hat. Die Gelegenheit, Blutwurst an Stampfkartoffeln zu verkosten, ließen wir dieses Mal noch aus. Dagegen hatten wir uns bei den Buletten – benannt nach dem französischen Wort für Fleischkügelchen – zu einer Kostprobe so gut wie entschlossen, stützten uns vorderhand aber auf die Analyse histologisch bewanderter Kollegen. Die Bulette, umgangssprachlich Eternitplätzchen, hat nach der Berliner Hackfleischverordnung vom 10. Mai 1976 aus dem zerkleinerten Fleisch warmblütiger Tiere zu bestehen. Nur sehnenarmes oder entsehntes Fleisch darf in Verkehr gebracht werden. Verstöße gelten als Ordnungswidrigkeit. Eine grobsinnliche Betrachtung der Schnittfläche einer Bulette läßt auf gekuttertes Schweine- und Rindfleisch, auf Zwiebelstücke und Nierentalg schließen. Ferner können Kartoffelstückchen als glasige Teilchen von Linsen- bis Haselnußgröße festgestellt werden. Wird der Brotanteil zu hoch, spricht der Käufer von einer gebratenen Schrippe. Je nach Stadtteil trifft man edle oder weniger edle Tierbestandteile an: im Wedding vorwiegend Schwarte, Pansen und Lymphknoten; im Bezirk Mitte Drüsengewebe und Darm; im wohlhabenden Zehlendorf Parotis und Faszien; in Hohenschönhausen Ovarien und kutane Schleimhaut. Die Frage nach der Kostprobe mußte erneut gestellt werden, weil in einem Exemplar an der Außenseite eine Fliege eingebraten war und in einem anderen Teil eine Bockwursthülle. Eine Geruchsabweichung ließ auf beginnende Fäulnis schließen, und in der Tat waren bei näherem Hinsehen etwa hirsekorngroße Schimmelpilze auszumachen.

Die Diskussion um die Kostprobe war sofort beendet, als wir der Fachliteratur entnahmen, daß der als Bestie vom Schlesischen Bahnhof in die Kriminalgeschichte eingegangene Schlächtergehilfe Karl Grossmann seine Opfer verwurstet und zu Buletten verarbeitet hat.

Der Schustertopf, die Schusterjungen und die Schusterpastete aus gemeinsam erhitzten Matjesfilets und kaltem Schweinebraten zeigen erneut, welch verwegener Menschenschlag die Berliner sind. Zu den lokalen Tafelfreuden gehört ein Hoppel Poppel genanntes Gericht, bestehend aus Schweineschnitzel in Streifen, Zwiebeln, Kartoffeln, Speck, Schmalz und Eiern. Eine Verfeinerung wird mit Schnittlauch erzielt. Es fehlt nicht an Versuchen, mehr Delikatesse in die heimische Cuisine hineinzutragen. Beim Charlottenburger Club für Hochintelligente wird regelmäßig ein «Workshop Kartoffelgratin» abgehalten. Der Chef des Esperanza in Prenzlauer Berg bietet eine «Pizza Berlino» mit Tomaten, Käse, Knoblauch und Pommes frites an. Auf dem Kurfürstendamm wird zur Currywurst Champagner gereicht. Nicht weit davon, im sechsten Stock des KaDeWe, ist um die Lachsbrötchen ein urbaner Mythos entstanden, und an der Austerntheke verspeisen die neuen Urbaniten jährlich an die 540000 Fines de Claires. Man sollte über Bockwurst und Bulette nicht vergessen, daß viele Berliner sich von Sellerie-Cappuccinoschaum, Safranparfait, Lachs mit zweierlei Kaviar oder Rinderfilet mit Blauschimmelkäse ernähren. In der Mensa an der Hardenbergstraße kommt Edelhirschgulasch auf den Tisch!

Die internationale Dimension läßt sich an der Bratwurstsorte ermessen, die mit brasilianischem Pfeffer gewürzt wird. An verschiedenen Imbißständen mischen sich nationale Eßkulturen zu Chinapfanne mit Dönerfleisch oder bayerischem Leberkäse mit Setzei. Dagegen mußte das altberühmte, an der Theke gepellte Solei der Sushi-Mode Platz machen. Sogar der Penner unter der S-Bahn am Kottbuser Tor gibt an, seinen Fisch auf japanische Weise zu essen. Das Brechthaus an der Chausseestraße schwört auf Wiener Küche «nach Art Helene Weigels» und ein Restaurant am Alex hat sich ein besonders exquisites Programm ausgedacht: «Deutsche Küche und andere Spezialitäten».

Im gastronomischen Dreieck zwischen Döner, Bratwurst und Big Mäc muß mancher zugeben, daß er seinen

Hunger nicht gestillt, sondern niedergebrüllt hat. Um übernächtigem Fleischsalat aus dem Weg zu gehen, wird verschiedentlich auf ökologische Ernährung umgestellt, doch ist das eßbare Geschirr oft schmackhafter als die darauf angerichteten Speisen. Eine weitere Alternative wären Süßigkeiten. In Berlin gibt es traditionell mehr Zuckerbäckereien als in jeder anderen europäischen Metropole, Wien nicht ausgenommen. Je stärker die Trennungsangst in einem Gemeinwesen, desto höher der Umsatz beim Konditor. Den Warschauer Kuchen aus Zusammengefügtem wird man nicht mehr finden, dafür aber russischen Zupfkuchen, Donuts aus einer Art Fugendichtungsmasse und für feierliche Anlässe Baumkuchen. An der Kochstraße wird Checkpoint-Charlie-Schokolade angeboten, die Tafel zu drei Mark. Unberührt von politischer Korrektheit stellt eine Süßwarenfabrik in Reinickendorf – gegenüber der JVA Tegel – Negerküsse und sogar Mininegerküsse her.

Die Lebensmittelpreise liegen auf bezahlbarem Niveau. Nachdem einige der Abgeordneten, die für den Verbleib in Bonn gestimmt hatten, erfuhren, daß in Berlin ein Döner für dreifuffzig und eine pralle Dampfwurst für zwodreißig zu haben sind, wollten sie ihr Votum ändern. Die meisten Grundnahrungsmittel scheinen subventioniert zu werden, anders sind die günstigen Preise nicht zu erklären:

	DM
– grüne Weingummifrösche pro Stück (Kiosk Prenzlauer Berg)	0,05
– dreifach sortierter Fleischwurstaufschnitt 100 g (Schweinfurthstraße)	0,99
– 1 Tasse Kaffee + 2/2 Schrippen (Reinhardtstraße)	3,70

- Kammscheibe mit Senf und Brötchen (Karl-Marx-Allee) 4,50
- Rückenfett durchgedreht pro Kilo (Danziger Straße) 4,99

Nicht berücksichtigt wurde der Rabatt für bestimmte Bevölkerungsgruppen. Polizeibeamte erhalten an ausgewählten Hamburgerstationen 25% Nachlaß.

Billige Preise verführen den Verpflegungsteilnehmer dazu, sich – berlinerisch gesagt – die Plauze vollzuschlagen. Verdauungsprobleme sind also nicht nur auf die angebotene Qualität zurückzuführen. Das Beratungszentrum für Eßstörungen in Schöneberg und die Anonymen Eßsüchtigen e. V. versuchen den Geschädigten zu helfen, was aber oft an der menschlichen Trägheit scheitert. Im Treptower Park beobachteten wir eine junge übergewichtige Frau, die an ihrem Waffeleis nicht leckte, sondern die Eiskugel an der Zunge vorbeidrehte.

Die Einheimischen sind gute Futterverwerter. Gespräche von einiger Länge drehen sich um die Frage, ob man die Eisbeinreste am Montag als Sülze oder in anderen Aggregatzuständen wiederaufbereiten sollte. Bleiben wirklich einmal Nahrungsmittel übrig, werden sie von Künstlern requiriert. In einer Galerie bemerkten wir Bilder aus Taco-Chips, Plastiken aus harten Eiern und den unvermeidlichen Kartoffeln, Mobiles aus Weintrauben, Würste an der Wäscheleine und Türme aus Brot. In großer und nicht nur räumlicher Entfernung stellen sich in der Wollankstraße täglich 500 Hungrige vor der Suppenküche des Franziskanerklosters an.

Die Cacao-Quetschmaschine wurde einst als genialer Mechanismus gepriesen. Mit ihr konnte Schokolade per Dampfkraft hergestellt werden. Bald jedoch wurde der Kakao vom *mocca faux* oder Muckefuck abgelöst. Das Vereinslokal von Hertha BSC in der Nähe des U-Bahnhofs Bismarckstraße heißt heute noch Muckefuck. Dort wird freilich alles andere eher getrunken als Zichorienkaffee. Der viersträhnige, starke Bohnenkaffee wurde zu einem Markenzeichen des freien Westens. In der Mocca-Milch-Eisbar am Strausberger Platz und in anderen Ostberliner Erfrischungsräumen mußte sich der Gast zu oft mit Perlon-Kaffee begnügen, so benannt nach einem besonders dünnen Strumpfgewebe. Aus jener Zeit ist ein vielsagender Dialog auf uns gekommen:

Kellner: Sieht sehr nach Regen heute aus, nicht wahr?
Gast: Aba wenn ick jenau hinkieke, seh ick schon, dat det Kaffee is.

Nach der Wende wurden in einer Art *continuing revolution* die Kaffeepreise in Ost und West einander angeglichen. Sie liegen wegen der großen Nachfrage bereits höher als die Preise für feste Nahrung. Im Restaurant auf dem Reichstag kostet eine Tasse Kaffee sechs Mark, in einem Lokal am sanierten Gendarmenmarkt acht Mark. Für dieses Geld bekommt man im Folterkeller an der Pestalozzistraße schon einen Campari. Ein neues Produkt namens K-fee (Kalter Büchsenkaffee aus Fernost) hat Chancen, zum Szenegetränk zu avancieren, vorausgesetzt das Pre-Marketing im Eventbereich stimmt.

Coca-Cola oder Besatzungsbrause war das Symbol des U.S.-Imperialismus. Als Antwort auf die Cocacolonisierung der Welt stellte der Osten in seinen Getränkestütz-

punkten Club-Cola, Vita-Cola, Inter-Cola, Disco-Cola, Sport-Cola und – zur Erheiterung aller Anglophonen – Prick-Cola bereit. Mittlerweile umgibt die Cola-Getränke etwas Spielerisches. In der Infobox im Stadtzentrum wird

Coca mit Vanille-Eis als «Schluck Pfütze vom Potsdamer Platz» feilgeboten.

In den Goldenen Zwanzigern gab es 24 Berliner Brauereien mit einem Jahresausstoß von über vier Millionen Hektolitern Bier. «Een schönet Bier trinken» gehörte damals wie heute zur Freizeitkultur. Wir waren überrascht, wie schnell der als kaltschnäuzig geltende Einheimische sich der Engelhardt-Pils-Romantik überläßt. Einer unserer Informanten klärte uns darüber auf, daß in alter Zeit Wurzeln und Körner vorgekaut wurden, um mit Speichel die alkoholische Gärung einzuleiten. Ohne Zucker kein Alkohol! Aus Dankbarkeit wurde an der Amrumer Straße ein eigenes Zuckermuseum eingeweiht.

Das Weißbier, gebraut aus dem hellen, weichen Wasser der Spree, ist so gefragt, daß sogar Kondome mit Weißbiergeschmack auf den Markt kommen. Samt Zitrone. Als Neuheit wurde uns das Pharaonenbier nach ägyptischem Rezept, das korsische Pietra-Bier mit Maronengeschmack und das Katharinenbier empfohlen, das seinen Namen Katharina von Bora verdankt, Gattin Luthers und begnadete Braumeisterin. Gegenüber diesen Sorten tut sich das gewöhnliche Bier oft schwer. In einem Brauhaus am Spreeufer muß es an Wochenenden zum halben Preis abgegeben werden.

Zwei trinkfreudige Berliner Schauspieler kamen gleichzeitig auf die Idee, ihre Lebenserinnerungen unter dem Titel «Nüchtern betrachtet» herauszubringen. Nach einigem Hin und Her gab der eine nach, weil der andere nachweislich noch länger Alkoholiker gewesen war. Wir hatten uns vorgenommen, die Volkskrankheit Alkoholismus aus nächster Nähe zu studieren und einen Hinweis erhalten, daß in einem Lokal in der Linienstraße heimische Trinker zu beobachten seien. Bei unserem Eintreffen hatte diese Trinkstube für immer geschlossen. Rechtsanwälte waren eingezogen, die wohl heimische

Trinker sein konnten, aber nicht genau das waren, was wir suchten.

Historisch gesehen war es in bestimmten Schichten nichts Ungewöhnliches, jeden zweiten Abend «zu viel hinterm Knorpel» zu haben. Zuzügler sollen geistigen Getränken noch stärker zugesprochen haben als Alteingesessene und sich in den zahllosen Destillen unter Zurufen wie «zum Vollsein» eklig einen angedudelt haben. Die Trunksucht wird mit einfach zu entlarvenden Euphemismen verhängt. Ein leichter Umtrunk ist ein schweres Besäufnis, ein Getränkeunfall in gastronomischen Begegnungsstätten ein Rausch. Am Oranienburger Tor erblickten wir dann doch noch einen heimischen Trinker. Er lag mit dem Gesicht nach unten auf dem Pflaster und wurde von zwei Gendarmen wieder aufgerichtet, die sich vorher Plastikhandschuhe übergestreift hatten. «Voll bis oben hinne», bemerkte ein Passant.

Für Ostberliner galt lange die Nullpromillegrenze, doch haben sie bei alkoholbedingten Erkrankungen inzwischen Westniveau erreicht und liegen bei der Leberzirrhose als Grundleiden sogar leicht vorn. Dissimulation ist das Normale. Gesundheitliche Probleme, die eindeutig vom Alkoholmißbrauch herrühren, werden auf «unregelmäßigen Suff» geschoben. Alkohol wird als unverzichtbarer Katalysator zur Erzeugung von Fröhlichkeit und Geselligkeit angesehen, auch wenn die *joking relationship** am Tresen unvermittelt in verbale Aggression und körperliche Gewalt umschlagen kann.

Die klassische «Betrinke» kommt mehr und mehr aus der Mode. Der Wohnkomfort ist größer, die Scheidung einfacher geworden. Der Moabiter Saufkosmos macht einer gehobenen Drinkkultur Platz. Stätten kontrollierter Alkoholabgabe ersetzen die Hemmungslosigkeit am Tre-

* Scherzbeziehung

sen. Schwankende Fußgänger werden bald der Vergangenheit angehören, und sei es, weil sie betont harmlos in ihren Autos sitzen. Die neuen Urbaniten richten sich nach einer Empfehlung im *Global Hangover Guide:* Freiheit ist immer auch die Freiheit des Anderstrinkenden. Trinkmoden ändern sich trotzdem. Der Mokkalikör auf Rondo-Melange-Basis hat ausgespielt. Eine Zeitlang trank man Caipirinha Cocktails in der Szenebar, und wenn diese nur ein Loch im Boden war. Als auf der Münchner Leopoldstraße der erste Caipirinha geleert wurde, war man im hintersten Friedrichshain schon zum Caipirovka übergegangen. Wer auf sich hält, bestellt momentan einen Whodini oder einen Futschi. In der Zyankalibar an der Kreuzberger Großbeerenstraße ist ein mit Hanf angereichertes alkoholisches Getränk zu haben. Es trägt den Namen «Turn», nicht zu verwechseln mit «Tekkno», dem Szenebier, das mit einem Strohhalm angesaugt wird. Exoten brauchen exotische Gefäße. Auf den Bierfesten an der Karl-Marx-Allee schütten sich junge Trinker ihr Bier in mitgebrachte Kuhhörner.

In der Sauna an der Kurfürstenstraße verlangen manche Besucher nach dem Slivowitzaufguß. Ansonsten ist die Zeit der klaren Schnäpse vorbei. Das Volumen von 79000 Hektoliter Trinkbranntwein (1926) wird wohl erst wieder erreicht, wenn sich der Euro als Fehlschlag erweist. Die Waldmeisterbowle kennt die junge Generation nur noch aus Erzählungen der Großeltern. Beim städtischen Weinanbau liegt Stuttgart vorn, weil sich auf dem 66 Meter hohen Kreuzberg keine Hochgewächse halten.

Zur Genugtuung der Umweltschützer lassen sich immer mehr Menschen Natursekt über den Knorpel brausen. Zur eigentlichen Sensation auf dem Getränkemarkt hat sich aber H_2O entwickelt. Nicht nur energetisiertes, sondern ganz normales Leitungswasser könnte zum ultimativen Exoticdrink werden. Als wir in einem Straßencafé ein Glas Wasser bestellten, fragte der Kellner zurück: «Vom Faß?» Darauf waren wir nicht gefaßt. Der alte Witz vom Drehhahnbräu ist keiner mehr.

Außerhalb der Gastronomie liegt der Preis für einen Kubikmeter Wasser bei DM 8,50. Die Qualität ist ordentlich, enthält sogar schmerzlindernde Präparate, die über menschliche Ausscheidungen ins Abwasser gelangen und in den Kläranlagen nicht abgebaut werden. Ein paar Mikrogramm Phenazon gleichen Temperamentsunterschiede aus und halten die Stimmung der Bevölkerung auf einem gleichmäßigen Level.

Exkurs über Sanitärtechnik

Der Inhalt von Nachttöpfen landete nach Altberliner Sitte im Ausguß. Der Weg zur Toilette war weit, die Vorkriegshäuser verfügten meist nur über ein indisches Bad – am Ende des Ganges. Bert Brecht wußte um die dramatischen Umstände persönlicher Hygiene. Seine Wohnung an der Chausseestraße 125 – heute eine Gedenkstätte – besaß eine Außentoilette «auf dem Podest». Andere mochten sich mit primitiven Plumpsklos überhaupt nicht abfinden. Ein Wache schiebender Gendarm gestand, sich «an die hundertmal» im Plenarsaal des alten Reichstags erleichtert zu haben.

Ein Polizeipräsident namens Hinckeldey war es gewesen, der die ersten städtischen Pissoirs eingerichtet und sich dafür den Spitznamen Pinkel-Bey eingehandelt hatte. Diese gußeisernen Gebilde, wegen ihrer Form auch Café Achteck genannt, erfüllten durchaus ihren Zweck, selbst wenn bei den ersten Exemplaren die Vorhaltefläche etwas knapp bemessen war. Eine subtile Begrifflichkeit unterscheidet zwischen einem Pinkulatorium wie am Britzer

Damm oder in der Huttenstraße, Toilettenhäusern wie im Preußenpark oder an der Neuköllner Elbestraße und richtiggehenden Bedürfnisanstalten wie im Müggelpark, am Maybachufer oder im Humboldthain.

Trotz dieser und ähnlicher Einrichtungen erfahren viele Besucher wegen der schieren Ausdehnung der Stadt die Ungleichzeitigkeit des Harndrangs und der Verfügbarkeit von Klosetts, und desto schwerer fällt es ihnen, der Berliner Aufforderung zu folgen, sich nicht zu beboomölen.* Die Mangelsituation rührt auch daher, weil eine ganze Reihe öffentlicher Toiletten umgewidmet und zweckentfremdet worden sind. Das Klohäuschen am Friedenauer Perelsplatz ist jetzt eine italienische Eisdiele. Die WMF-Disco weste eine Zeitlang in einem trockengelegten Urinal am Potsdamer Platz. Das WC an der Fischerhüttenstraße beherbergt seit neuestem die Bezirksgeschäftsstelle einer freidemokratischen Partei. Kann eine Toilettenanlage gerettet werden, nimmt die ganze Stadt Anteil. Der Tagesspiegel machte im August, der touristischen Hochsaison, mit der Meldung auf: VERSCHMUTZTES WC AM HERMANNPLATZ SANIERT.

Die öffentliche Hand geht allmählich dazu über, Bedürfnisanstalten privaten Betreibern zu überlassen. Die neoliberalen Benutzungsgebühren in diesen WC-Center genannten Einrichtungen am Bahnhof Zoo oder am Alex sind nicht gerade niedrig. Man könnte sogar von einem Geschäft mit der Angst sprechen. Um Grünflächen, Hauseingänge und Personenaufzüge zu schonen, sollen demnächst 200 vollautomatische Toilettenhäuschen aufgestellt werden. Bei diesen mikroprozessorengesteuerten Kabinen öffnen sich die Türen erst nach 20 Minuten, so

* vgl. Hans Meyer/Siegfried Mauermann: Der Richtige Berliner, Berlin 1925, Seite 35; bearbeitet & ergänzt von Walther Kiaulehn, München [12]1996

daß dort jedermann, auch der Junkie, ungestört drücken kann. Besonders dringend warten die hiesigen Wirte auf die Neuerung. Sie sind der Gäste überdrüssig, die direkt von der Straße auf die Toilette des Lokals flitzen und sonst nichts weiter hinterlassen. Nach Großereignissen wie der Love Parade wird man selbst mit den neuen WCs nicht verhindern können, daß tagelang Uringeruch in der Luft hängt, weshalb überlegt wird, die Parade auf das Flugfeld in Tempelhof zu verlegen, welches asphaltiert und sanitärtechnisch leichter zu kontrollieren ist.

Als die Abfuhrgesellschaft Dr. Lehmann mitten in Berlin eine Poudrette-Fabrik* zur Verarbeitung menschlicher Exkremente errichten wollte, erhoben die Anlieger Protest. Eine Petition mit über 1000 Unterschriften kam zustande. Die Frage der Entsorgung ließ sich nicht länger unterdrücken. Eine Kanalisation wurde gebaut. Ihr konnte die deutsche Teilung nichts anhaben. Von einer Poudrette-Fabrik spricht niemand mehr, die Rieselfelder sind für die Zukunft gebaut. Die Konkurrenz unter einschlägigen Betrieben sorgt für vernünftige Preise. Draußen in Hellersdorf wirbt eine Firma mit dem Slogan: «Fäkalienabfuhr – vergleichen lohnt!»

1984 wurde das erste gleichberechtigte Urinal für Frauen vorgestellt. Der Diskurs um die metabolisch korrekte Haltung dauert an. In einer neueren Quelle wird behauptet, «daß West-Frauen den Grad ihrer Emanzipation daran messen, ob die männlichen Familienmitglieder stehend oder hockend urinieren». Aus kulturanthropologischer Sicht wäre bei widerspenstigen Männern eine Subinzision nach australischem Vorbild vorstellbar. Mit aufgeschlitzter Harnröhre können Männer gar nicht anders, als im Sitzen Wasser lassen.

* Poudrette, frz.: Mistpulver

Kunst und Graffiti

Von den menschlichen Ausscheidungen führt ein gerader Weg zur Kunst. In Schöneberg ist eine stillgelegte öffentliche Toilette zu einem Ausstellungsraum für künstlerisches Gegenwartsschaffen umfunktioniert worden. In unserem kunstsinnigen, um nicht zu sagen augusteisch gestimmten Zeitalter vermögen herkömmliche Galerien das kreative Potential nicht mehr zu fassen. Auf Damen- wie auf Herrenklos erwarten den Benutzer Gemälde auf Putz. Von den zahlreichen Baustellentoiletten wurden einige zu Artefakten umgestaltet. Diese wahrhaft intimen Orte sollen in mobiler Weiterentwicklung durch die Konfrontation mit dem Außen den Ausflug ins Innere ermöglichen. Der ausübende Künstler erhofft sich aus der Verbindung von Kunst und Klo einen Distinktionsgewinn.

Kunst als Müllverwertung hat in den letzten Jahren einen sichtbaren Aufschwung genommen. Ertrödelte Gegenstände der Vermüllung zu entreißen, die Abfälle des Alltags in den Dienst der *ars povera* zu stellen oder recyceltem Kunststoff eine letzte, klassische Form zu geben, ist der Ehrgeiz einer wachsenden Zahl von Bildhauern und Collagisten. An Rohstoffen wird es so bald einen Mangel nicht geben. Allein bei der Love Parade fallen 150 Tonnen Müll an.

Der Berliner als Kulturkonsument wünschte sich seit jeher «ein jemischtet Programm», und das kriegt er nun. Die Skulptur in Hundekotform, die wir bei einer Vernissage zu Gesicht bekamen, braucht rein von der Materiallage her kein Unikat zu bleiben. Zu der Frage, ob das Leben die Kunst nachahmt, wollte die Gilde der Kunstkritiker nicht Stellung nehmen. Sie verzichteten auf das übliche Kunstdüdeldü und griffen nach Hut und Mantel. Zwei Herren sollen ihren Beruf aufgegeben haben, nachdem sie eingesehen haben, daß jedes Kunstwerk der Theorie spottet.

Max Liebermann war der Übervater der Berliner Kunst und nie um eine freche Bemerkung verlegen. Als ein reicher Kunde die Ähnlichkeit seines Porträts lobte, antwortete Liebermann: «Jawoll, zum Kotzen ähnlich.» Auf die vielgestellte Frage, welches Ziel er mit seiner Kunst verfolge, pflegte er zu antworten «Vakoofen natürlich». Etwas deutlicher wurde Raoul Hausmann: «Kunst hat niemals einen tieferen Sinn als den Unsinn feierlich genommener Selbstbespiegelung reiner Toren mit Einspielen tragischer Komplexverschränkungen.» Hausmann forderte, unterstützt von Richard Huelsenbeck, eine tägliche und unentgeltliche Speisung aller schöpferischen Geister auf dem Potsdamer Platz.

An der Jahrtausendwende haben wir es mit einem Künstlertyp zu tun, der weiß, daß Kunst nicht nur im Künstlerheim Luise oder in einem der 160 Museen stattfindet, sondern auch in Privatwohnungen, in der Galerie für zimmerfähige Kunst in der Stargarder Straße oder in einer für ihre Mischtechnik berühmten Zahnarztpraxis an der Dessauerstraße. Wer Käufer für Gebrauchskunst sucht, wird seine Werke in der Souvenirabteilung des KaDeWe mit ihren Bierkrügen, Kaffeetassen und gerahmten Keith-Haring-Bildern gut aufgehoben wissen. Monumentalkunst kaufen die großen Behörden und die Universitäten. In der Mensa der Humboldt-Universität wird in Öl auf Hartfaserplatte die Geschichte der Menschheitsentwicklung von Frankenstein gezeigt.

Das künstlerische Spektrum ist breit und umspannt volkstümliche, pygmoide Töpfer in Kreuzberg ebenso wie langbeinige Keramikerinnen in den teuren Hackeschen Höfen. Selbst erfolgreiche Kunstschaffende üben sich in Bescheidenheit, die manchmal an Selbstverleugnung grenzt. «Kunst?» fragte eine Töpferin, ohne den

Die Graffitikunst hat ihren Höhepunkt überschritten ...

... und nähert sich der Sachbeschädigung

Blick von der Drehscheibe zu wenden, «ach Gott, manche nennen es so; ich mache Tassen, Teller, Kannen.» Die natürliche Kreativität reicht bis in die Heiratsanzeigen hinein: «Bitte kein Bild, das möchte ich mir selbst machen.»

Jeder Bezirk pflegt seine eigene künstlerische Note. Eine als Rixdorfer Schlucker bekannt gewordene Künstlergemeinschaft und die Gruppe der Blauen Vier haben das Verhältnis zwischen Kunst und Alkohol ausgekostet. In Charlottenburg ließen wir uns die Ausstellung «Die Kunst, mit Rheuma zu leben» nicht entgehen. Nachdrücklich verließen wir eine Galerie in der Linienstraße. Das Thema «Käse als Kunst» stellte mit dem Geruch runder Laiber das Ewige an der Kunst grundsätzlich in Frage.

Wenn Thomas Mann recht hat und Kunst Opposition ist, sind Berlins Sprayer & Kratzer die größten Künstler auf Gottes grüner Erde. Egal ob im behäbigen Wilmersdorf oder im verdreckten Friedrichshain – der Graffiteur macht sie alle gleich. Hauswände werden bis unter die Giebel besprüht, Denkmäler, ja Friedhofsmauern nicht ausgespart. Die neu errichtete Gedenkmauer an der Bernauer Straße wurde sofort von Sprühern in Beschlag genommen. In den U-Bahnhöfen sind sogar die Zargen der Rolltreppen beschriftet. Ab und zu stürzt ein Sprayer von einer Schallschutzmauer in den Tod, das Handwerkszeug noch fest umklammernd. Wer überlebt, aber den gefährlichen Beruf nicht mehr ausüben will, macht sich selbständig und betreibt einen Laden mit Spraydosen.

Die Graffitikunst nahm ihren Anfang mit den «Ich war hier»-Inschriften siegreicher Russen im Reichstagsgebäude. In der Hauptstadt der DDR war diese Kunstrichtung verpönt, doch gleich nach der Wende durfte der Nachholbedarf befriedigt werden, fürs erste mit flüssiger Schuhcreme. Inzwischen bieten die großen Kaufhäuser das komplette Sprayset zum Einstandspreis.

Die Stadt als solche wird zum Exponat. Alle Gebäude entlang der S-Bahnstrecken, die länger als fünf Jahre stehen, sind mit Schriftzeichen und Figuren vollständig zugetaggt. In den Zügen gibt es buchstäblich keine Scheibe, an der sich nicht ein Scratcher oder Kratzkünstler versucht hätte, dem Beispiel Goethes folgend, der mit einem Diamantring Verse in Fensterglas ritzte. Die Polstersitze der S-Bahn sind so gemustert, daß sie bereits wie Graffiti aussehen; eine Besprühung würde nicht weiter auffallen. Sollte das Holocaust-Denkmal zustande kommen, müßten die zweitausendsiebenhundert Betonstelen mit einer farbabweisenden Substanz überzogen werden.

Der Zenith ist überschritten. Die neuesten Silberpieces wirken déjà vu oder inhaltsleer. Politischen Botschaften sieht man das Verfallsdatum an:

Nazis auf's Maul

Fuck the Police

Schließen wir uns zusammen
um unsere in Peru wehende Fahne
zu verteidigen

Die Polizei rechnet mit 4000 Ausübenden dieser verbotenen Kunst. Ein normales Graffiti gilt als Ordnungswidrigkeit. Wenn der Untergrund angegriffen ist, als Sachbeschädigung. Die Kosten für die Beseitigung gehen in die Millionen. Die Bezirksämter wollen zwischen Kunst und Vandalismus vermitteln und jugendlichen Schöpferdrang in konstruktive Workshops leiten. Gegner dieser Politik meinen, damit würden illegale Schmierereien noch gefördert. Pragmatiker setzen auf ein neuartiges Fassadenreinigungssystem, das bei mäßigem Wasserverbrauch Graffiti im Niederdruckwirbelstromverfahren ziemlich problemlos entfernt. Der Anti-Graffiti-Verein «Nofitti» hat sich die Bekämpfung der Wandmalereien aufs Panier geschrieben. Das Echo ist lau. Für die meisten Berliner sind Graffiti kein Thema mehr. Man ist geübt in der Kunst des Wegschauens.

Ein Grenzfall ist die *Aerosol Art* berufsmäßiger Künstler. Keith Haring und andere Maler haben am Checkpoint Charlie gearbeitet. An der East Side Gallery balgt sich eine internationale Horde um die letzten Quadratzentimeter Mauerreste, als wäre die Leinwand rationiert worden. Hätte man Joseph Beuys folgen und die Mauer um elf Zentimeter erhöhen sollen?

Die Bewältigung revolutionärer Kunst macht gute Fortschritte. Schon deckt die Reklame für ein Steakhouse das Wandfries «Sozialistische Presse» in der Karl-Liebknecht-Straße. Eine Zigarettenfirma hat einen gutdotierten Preis für das schlechteste Kunstwerk ausgeschrieben. Eine finanzstarke Gruppe will rund um das Tacheles in der Oranienburger Straße ein genuines Künstlerviertel schaffen. Kostenvoranschlag: eine Milliarde Mark. Der freifinanzierte Bohemien von heute kommt nicht billig.

Schöne Literatur

Seit dem 18. Jahrhundert bevorzugte die Berliner Gesellschaft eine Lektüre, die auch dem schönen Geschlecht gut zu Gesicht stand. Als dann Karl Gutzkow mit seinem Roman über das Luisenstädter Krankenhaus Bethanien herausplatzte, in dem unglückliche, weil unbemannte Frauen ein Helfer-Syndrom entwickeln, zeigte sich Fontane, als Apotheker in Bethanien tätig, empört. Das große Berliner Lesepublikum blieb jedoch gleichgültig. Man nahm die Literatur, wie sie kam. «Schiller un Jeethe, det is bei uns allens eene Schmiere», meinte die famose Madame du Titre.

Die Stadt war voller Dichter. Auf der Friedrichstraße lebten Chamisso, E. T. A. Hoffmann und Kleist nur ein paar Hausnummern voneinander entfernt. An der Chausseestraße wohnte der junge Biermann neben dem gefeierten Brecht.

Ein auswärtiger Kunstsachverständiger argwöhnte, eine «aufgewühlte Mischbevölkerung wie die berlinerische kann keine großen Dichter hervorbringen». Er hat die Dadaisten nicht mehr erlebt. Der erste Dada-Abend fand statt in der Kreuzberger Ölbergkirche unter dem einprägsamen Motto ‹jolifanto bambla o falli bambla›. Das Zentralamt des Dadaismus wurde dann aber im Bezirk Charlottenburg eröffnet.

Bald drangen dadaistische Nonsequiturs in den allgemeinen Sprachgebrauch ein. «Hauptsache, daß der Mann seinen Hut wieder kriegt», sagt man am Ende einer faden Erzählung. Klassische Verse arbeitete der Dada in seinem Sinne um:

Wer wagt es, Knappertsmann oder Ritt,
Zu schlauchen in diesen Tund'?

Das III. Reich bereitete solchen Formen ein Ende. Wer aktuelle Ereignisse kommentieren wollte, mußte in den Untergrund:

In Deutschland is een Lied bekannt:
Wir fahren jejen Engelland.
Und wenn denn wirklich eener fährt,
Denn wird er for varückt erklärt.

Das kulturpolitische Wörterbuch der DDR definierte Humor als den Reflektor des Heiteren. An diese Maßgabe hielt Stephan Hermlin sich in seiner Ode an Stalin:

Aus dem unendlichen Raum von Inseln und Ländern
Hebt das Entzücken sich mit der Botschaft dahin,
Wo die Verheißungen leben und die Epochen verändern,
Namenlos sich die Zeit endlich selbst nennt: STALIN.

Der Bau der Mauer evozierte Volkslieder, wie sie bei der Nationalen Volksarmee gerne gesungen wurden:

Im Sommer '61, am 13. August
da schufen wir die Grenze
und keiner hat's gewußt,
Klappe zu, Affe tot,
endlich lacht das Morgenrot.

Auch der dunkelste aller Poeten stellte die Mauer zeitweilig in den Mittelpunkt seines Schaffens:

In ihrem schatten warfen
alle keinen schatten

Die literarischen Salons haben seit je unter dem Handicap gelitten, daß die hauptamtlichen Dichter einen bräunlichen Schmutzrand hatten und die Amateur-Schriftsteller wenig Zeit für Geselligkeit fanden. Tucholsky war Jurist, Peter Bamm Arzt im Wedding und Wolf Biermann Gitarrespieler. Die sympathische Christa Wolf hat sich mehr als Humanistin denn als Schriftstellerin hervorgetan. Da konnte die Bluse der Salonière noch so weiß, die Serviette noch so kunstvoll gefältelt sein – was half's, wenn der eingeladene Literat nicht einmal absagte? Die eigentliche literarische Kraft quillt ohnedies aus der Heimat- und Trivialliteratur. «Auf der Drehleiter der Geschichte», ein Buch über die Berliner Feuerwehr, bringt Bilder und Similes, mit denen die Hochliteratur nicht konkurrieren kann. Die exemplarischen Geschichten, die in der Malplaquetstraße und anderen Erzählcafés vorgetragen werden, verdichten sich als *oral history* zu urbanen Mythen von hoher Eindringlichkeit.

Nach dem Verklingen der Stralauer Fischzugspoesie stand Franz Berndal plötzlich als der letzte lyrische Dichter Berlins da.

Wie haben's die Tiere, die dösen, so schön,
die im Winter janz eenfach schlafen jehn.

Im Augenblick wird das Feld von Slam- und Surfpoeten beherrscht. Sie bringen ihre Kunst im «Torpedokäfer» und im Bergwerk an der Bergstraße dar. Die «Liga für Kampf und Freizeit» bietet jedem dichterischen Talent ein offenes Mikrofon. Auf diese Weise ist das Genre der Au-Lyrik entstanden:

der Brautsau ihr Keiler
sauft aus und bankraubt
Klopst rein gut zu sein
sausbraust die Sau raus
abgeflascht ausgebrannt

Die Second Hand Shops kurbeln ihr Geschäft mit Gebrauchslyrik an:

Wollt ihr mit Euren alten Hüllen
meinen kleinen Laden füllen?

Der Zeitungsverkäufer bringt den Passanten die Schlagzeilen des Tages in Reimform nahe:

Was steht uns in der Welt bevor
Kriegsrecht ausgerufen in Osttimor
Staatsminister Ludger Vollmer mahnt Djakarta
Hört sofort auf, sonst wird es hart da.

Ein Bäcker nahe dem S-Bahnhof Friedrichstraße goß sein handwerkliches Ethos in Verse:

Hier läuft die Ware nicht vom Band
Hier schafft man noch mit Herz und Hand.

Brauereien versprechen sich von gereimter Werbung einen höheren Umsatz:

Willst du seinen Stengel hart
Gib ihm Bier von Engelhardt.

Panegyrische Verse wurden zum 150jährigen Jubiläum der Westberliner Sparkasse geschmiedet:

Bring dein Geld zur Kasse hin
Zinsen bringen dir Gewinn
Wenn du alt bist, krank und schlapp
laufe hin, hol's wieder ab.

Als Verfasser zeichnete ein Dr. Alberts. Hauptsache, er ist ein guter Arzt.

Zwar ist die vielbesungene Panke kein Gegenstand der Dichtung mehr, doch ist gerade Pankow ein bemerkenswerter Bezirk, weil dort das erste Berliner Haiku entstanden ist.

Lyrik in Pankow
Die S-Bahn sieht mich heiter
Ich lese mich heim

Die Kulturredaktion des *Tagesspiegel* veranstaltet richtiggehende Haiku-Wettbewerbe. Zum Thema Sommer wurde den Lesern das folgende Muster anempfohlen:

Andacht im Herzen
Hundekot an den Sohlen
Berlin, mon amour

Zu den Preisträgern gehörte eine Dame, die bei 30 Grad im Schatten das Sublime mit dem Alltäglichen besonders überzeugend zu verbinden wußte:

Stadtschwalben schweben
Kreisen hoch im heißen Wind
Mineralwasser

Über das Mitmachprogramm «Schütteldiebüchs», das Stück «Feuerzeug» (ab 3 Jahre) im Bellevue und «Eins auf die Fresse» (ab 13 Jahre) im Grips-Theater werden Kinder behutsam an die dramatische Kunst herangeführt. Die großen Häuser haben etwas an Glanz verloren, aber das Theater Schmales Handtuch, das Theater Zerbrochene Fenster und das Theater zum westlichen Stadthirschen in der Kreuzbergstraße bieten ein Programm mit wohlgesetzten Schwerpunkten. An einem Abend fiel uns die Wahl schwer. Im Theater an der Parkaue lief Woyzeck, in der Brotfabrik Woyzeck und in der Kulturbrauerei Woyzeck.

Wenn ein Berliner alten Schlages ins Theater ging, wollte er Berggipfel sehen und seine Frau «Toaletten». Auf Tragödien konnte er verzichten. Egal ob «Maria Stuart» oder «Fräulein Julie» – er amüsierte sich. Die Sophiensäle im Bezirk Mitte kommen dieser Einstellung mit einem Easy-Looking-Theater entgegen. Das Publikum ist gutwillig und bereit, sich in die Handlung einbinden zu lassen. Wenn Lady Macbeth den Kerzenhalter schief hielt, tönte es garantiert aus dem Parkett «Mackbett'n, Se drippen.» Klassische Stoffe werden für den Zeitgeist umgeschrieben und heißen dann «Romeo und Julius» oder «Faust ohne Gretchen». Im übrigen muß man sich die ganze Stadt als eine Bühne vorstellen. An der Innenseite der Tür, die im Hotel Adlon von der Küche in den Gastraum führt, steht fürs Personal geschrieben:

Smile, we are on stage

Erste Kabaretts sind um 1900 entstanden. Nietzsches Übermensch fand sich im Überbrettl wieder. In der Weimarer Zeit verstand sich das Kabarett als die eigentliche Opposition. Im Sozialismus war die *Distel* der Stachel im Regierungssitz. Kabarettisten, das wußten wir, schrieben ihre Texte und Couplets gerne am Kaffeehaustisch. Im stillen hatten wir gehofft, einen derartigen Schaffensprozeß aus nächster Nähe beobachten zu können. Doch es kam anders. Im Café Ostrowski beim Alexanderplatz hörten wir eine Frau am Nachbartisch sagen: «Den eenen, der den Scheibenwischer macht, der Hildebrandt, den hab ick nie jemocht, 'n alter Hetzer is das.» Womöglich ist es mit der großen Kabaretttradition bald vorbei. Es gibt noch ein türkischsprachiges und ein Reality-Kabarett. Im Hotel Voltaire draußen in Potsdam müht sich unter dem Titel «Gute Menschen haben böse Lieder» das Ein-Frau-Kabarett. Aber in Kreuzberg muß man schon eine 92jährige Diseuse auf die Bretter schicken, und die Spreekomödianten, die mit alten Texten der Insulaner arbeiten, stehen ihren Auftritt ohne Stützstrumpf nicht mehr durch.

Vorbei auch die Zeit der gewaltigen Berlinromane. Es wird keinen Leon Uris mehr geben, keinen Christopher Isherwood. Die Stadt ist voller Zugereister, die glücklich sind, Kleinkuhdreckshausen hinter sich gelassen zu haben, aber in Berlin noch nicht heimisch geworden sind und dieses Dilemma für literaturfähig halten. Nach Einbruch der Dunkelheit füllen sich die Kneipen mit biographischen Selbstausbeutern. Im Café Silberstein wohnten wir dem achtundzwanzigsten und letzten Teil der Lesung eines Romans bei, dessen Inhalt auch die beiden anderen Besucher merkwürdig kaltließ. Eine Belebung versprechen höchstens Hypertextprojekte oder die neuen Schreibgruppen, die gerade Erlebtes unmittelbar in Kurzgeschichten ummünzen.

Aus der Literaturszene ist wenigstens eine gute Nachricht zu vermelden. Von der Buchpreisbindung wird keinesfalls abgerückt. Am strengsten wird sie im Antiquariat unter der Hochbahn am Hackeschen Markt eingehalten. Dort werden Bücher, egal welcher Art, für sechs Mark das Kilo abgegeben.

Entertainment

Scheich Amur aus Sansibar wurde von seinen deutschen Freunden durch ganz Berlin geführt, um ihm einen Eindruck von der Unterhaltungsindustrie des Fin-de-siècle zu geben. Und das bekam er zu sehen: Menschen, die über ein dünnes Seil gingen; Pferde, die Polka tanzten; Muskelpietsche vor ihren Athletenbuden und tönende Sprungfedern. Entertainment ist in dieser Stadt stets großgeschrieben worden. Im Haus Vaterland am alten Potsdamer Platz bestand eine der Attraktionen aus stündlichem Donnergrollen vor einer Rheinkulisse. Den Unterhaltungswert der Stadt zu konservieren ist Anliegen vieler privater Vereine. Ich nenne hier die «Freunde des Circus in Ethiopia e. V.» mit Sitz in der Görresstraße oder das Institut für Unterhaltungschemie in der Großbeerenstraße, wo der Gastgeber mit einer Axt im Schädel auftritt. Es stimmt noch, was vor langer Zeit konstatiert worden

Der Tränenpalast spricht seinem Namen Hohn

ist: Der Berliner sucht mehr das Vergnügen als den Schein desselben.

Die Stadt mag einmal ein Ort blecherner Militärmusik gewesen sein, und das semi-klassische Orchester, das die ersten Stummfilme begleitete, war nicht nach jedermanns Geschmack. Aber zu behaupten, der Berliner sei wegen seiner berechnenden Art nicht fähig, sinnlich schöne Melodien hervorzubringen, ist schlicht falsch. Das Gegenteil hören wir aus berufenem Munde: «Das Singen ist eine elementare Lebensäußerung des Berliners», versicherte Dietrich Fischer-Dieskau. Die Belege reichen von den Hinterhofsängerinnen bis zu den Schangsongs in eleganten Etablissements. Der Männerchor war recht eigentlich eine Berliner Erfindung – von Carl Friedrich Zelters Liedertafel über den Berliner Lehrerchor bis zu den Rosa Cavalieren. Jüngsthin haben sich die «Rhythmusen» zu einem temposicheren Frauenchor zusammengefunden. Gut, bei den Schöneberger Sängerknaben erschöpft sich das Schöne im Namen, doch sollte man nicht vergessen, daß Berlin in Gestalt der Comedian Harmonists die erste Boy Group hervorbrachte. Einige der ganz Großen – Bully Buhlan, Rudi Schurike – sind abgetreten, doch steht Martina Brandl, die strengste Diseuse Norddeutschlands, unbeugsam auf der Bühne. Alter ist kein Hindernis. So mancher Punksänger hat schon über fünfzigmal die Schwalben brüten sehen, und in der früheren DDR stimmten die greisenhaften Mitglieder des Politbüros unverdrossen das Lied «Wir sind die junge Garde» an. Gerade im Schwang sind flockige Deutschsprachsongs und systemkritische Lieder der Gruppe *Slime*:

Schwarz ist der Himmel und rot ist die Erde
Gold sind die Hände der Bonzenschweine ...

Größere Formationen, vom Central Intelligence Orchestra (CIO) bis hin zur funkigen Showband, sind gut aufeinander eingespielt. Das Deutsche Symphonie-Orchester Berlin (DSO) spielte sieben Jahre lang ohne Dirigenten, ohne daß dies jemandem aufgefallen wäre. Opernhäuser hat die Stadt drei. Alle drei führten in einer Spielzeit Falstaff und die Zauberflöte auf. Abgerissen wurde die Krolloper, vormals ein Dorado für «Gesangsdarbietungen des gehobenen Mittelmaßes», später Schauplatz der Ermächtigungsgesetze. Klassische Opern werden gewöhnlich modernisiert, moderne Opern antikisiert. Teile des Repertoires müßten immer zu den paläolithischen Kieselsteinen passen, wie sie die Fassade der Deutschen Oper an der Bismarckstraße zieren.*

Konservierte Musik nahm ihren Anfang mit den ersten Radiogeräten der zwanziger Jahre.

Mit einem Radio von Prohaska
hörst du von Kapstadt bis Alaska.

Dieser Spruch hatte nicht zu lange Bestand, weil unter den Nazis auf das Abhören von Fremdsendern KZ stand. Nach dem Krieg übernahm RIAS wichtige Aufgaben in der Musikerziehung. Der urbane Ethnologe Thomas Kapielski entlarvte die «Schlager der Woche» als «Nebenwaschgang angloamerikanischer Umerziehungsbemühungen». Die musikalische *Re-education* ist ein voller Erfolg gewesen, und die Schlager der Woche existieren heute noch, allerdings bei RTL und unter dem Namen «Top of the Pops».

Ähnlich wie in München, wo ein Generalintendant Popkonzerte nicht zur Kultur zählte, wollte die Ostberliner Führungsriege von dem «Gebumper» nichts wissen. Offen tanzen war verboten. Twisttänzer ahmten bloß die amerikanische Affenkultur nach. Der Lipsi war die Leipziger Antwort auf den Twist. Es gehört zu den inneren

* Die Steine stammen aus dem Urstromtal der Spree

Widersprüchen kommunistischer Systeme, daß trotz des zentralen Twistverbots im Treptower Kreiskulturhaus ein Twistkeller eingerichtet wurde. Ein Zonen-Elvis genannter Sänger durfte zündende sozialistische Schlager präsentieren. Nach der Wende war es der «Interessengemeinschaft Elvis Presley im Kulturbund der DDR» vergönnt, sich in «Elvis Presley Club Berlin» umzubenennen. Er tagt passenderweise in der Seniorenfreizeitstätte Hohenschönhausen. Der Ostalgierock der Puhdys, die gerade ihr 30jähriges Bühnenjubiläum feierten, hat den Konsensrock überdauert. Die Klänge von Ostbands auf Vopo Records werden gerne gehört, und der Song «Born in the GDR» ist ein wahrer Hit.

Der größte Zauber geht indes vom umbtscha umbtscha des Techno-Sounds aus. Wir wurden gebeten, auf Stilnuancen zu achten. Techno, als originär berlinerische Form, ist House ohne Melodie. Easy Listening ist House ohne Techno. Drum 'n' Bass ist Raggamuffin ohne Techno. Techno ist aufs Ganze gesehen der musikalische Ausdruck von Coolness. In nato-oliv oder ochsenblutrot gehaltenen Locations wie Duncker, Far Out, Bibo Bar oder Big Eden wird der Kampf gegen den Schlaf aufgenommen. Mit Energy-Drinks allein ist dieser Marathon nicht zu gewinnen. DJs mixen zusammen, was nicht zusammengehört, smoothe Loungeklänge mit Scat, Post-Techno mit Dope-Beats und Electrosound. Der kreischende, quietschende Ton des Breakbeat erinnert an Baustellenlärm, was beabsichtigt ist.

Eine Spielart des Techno-Rave ist der Goa-Trance. Hierbei werden Strandparties aus dem irdischen Hippie-Paradies Goa nachgestellt. Beim Drum 'n' Bass tanzt man am einfachsten nach dem Rhythmus der Baßgeige. Wer sich nach dem Schlagzeug richtet, riskiert doppeltes Tempo. Abklatschwalzer und andere konventionelle Tänze werden an den Rand gedrängt. Der Tango Argentino ist auf die Stadtteile Steglitz und Friedenau beschränkt, in Dahlem kann man noch die eine oder andere Rumba hören, doch denken die meisten bei diesem Wort an die AG Rumba, die polizeiliche Arbeitsgruppe Rumänische Banden. Herkömmliche Tanzschulen tun sich schwer. Mehr Zulauf haben Tanzstudios, die sich von reinen Schrittvermittlungsinstituten absetzen.

Die Love Parade als ultimativer Liveact ist ethnologisch anzusiedeln zwischen Entsühnungszeremonie und Mannbarkeitsfeier. Bei dieser Form von Wanderschamanismus geht es um eine sakrale Eroberung von Zeit und Raum in Gestalt der Straße des 17. Juni im Bezirk Tiergarten. Durch Ekstase wird eine Seinswandlung und die Union mit einem außerseelischen Gegenüber erzielt. Schamanenkleidung, spezielle Utensilien und Schamanentrommeln beschleunigen diesen Prozeß.* Anders als die Opernsängerin Christa Ludwig vermutete, geht es bei der Love Parade um mehr als «dieses bumm, bumm, bumm». Der Oberste Schamane nimmt deshalb auch die Risse in Kauf, die durch die tiefen Bässe im Brandenburger Tor entstanden sind. Der Bourgeois hält derartige Umzüge für etwas Schlimmes, gibt ihnen aber den Vorzug vor einem Defilée im Stechschritt.

Die Trommeln – meist Kraft- oder Heiltrommeln – werden aus Ziegen- und Schafhäuten selbst gefertigt. Schnurrsaiten, Reibestab und Rasseln ergänzen den Klangkörper. Das Schwirrholz mit seinen sirenenartigen Tönen ist besonders geeignet, den lebhaften Rhythmus des Tarantismus zu unterstützen und konsumierte Gifte unter heftigen Bewegungen wieder auszuschwitzen.

Anders als in schriftlosen Kulturen werden die Götter nicht um Fruchtbarkeit angefleht, sondern um möglichst

* Mircea Eliade, Le Chamanisme et les Techniques Archaïques de l'Exstase, Niederhaslach 1951

folgenlosen GV. Die Verbindung von Eros und Thanatos zeigte sich, als ein Teilnehmer durch eine Waffe mit punktförmiger Wirkung ums Leben kam.

Ein Kontrapunkt zur Love Parade und eine Absage an den Lärmfetischismus sind die *Quiet-Time*-Stummschaltungssysteme für Klaviere, die sich für den erotischen Piano-Unterricht besonders eignen wollen. Kammermusik ist zu einer Musikform der Außenbezirke geworden. Aus den Fenstern in den ruhigeren Teilen von Wilmersdorf hört man vielleicht einmal ein Waldhorn oder eine Gesäßbratsche.

Ein historisches Berliner Instrument ist die Drehorgel. Eine Fabrik in Prenzlauer Berg stellte sie ursprünglich für italienische Straßenmusiker her. Seit 1891 dürfen nur noch Deutsche die Leier spielen. Eine Firma in Biesdorf fabriziert heute noch original Berliner Notenbandorgeln. Beim Orgelbrausen einer 20er Raffin oder einer 33er Brun weicht aus den Gesichtern der Zuhörer das Schmunzeln und macht einem bewundernden «Donnerwetter!» Platz, schreibt wenigstens die Zeitschrift *Der Leierkasten,* das Organ der Internationalen Orgelfreunde e.V. Ein Drehorgelkonzert auf dem Gendarmenmarkt mit Werken zeitgenössischer Komponisten vermittelte davon leicht abweichende Eindrücke. Die meisten Passanten zeigten wenig Verständnis dafür, die «Kirmesorgel» für solche Zwecke einzusetzen, und taten ihre Abneigung auf derb emotionale Weise mit einem präfixoiden Bestimmungswort aus dem Fäkalbereich kund. Die Drehorgel kann sich behaupten, weil die letzte richtige Orgel nach dem Krieg von frierenden Menschen verheizt worden ist.

Die Musikszene kocht. Man hört nicht Geigenspiel, man hört eine *Violin at it's best.* Eine Gala jagt die andere: Freddy Quinn, Johann Strauss, Andrew Lloyd Webber. Des Jocusstabes Schellen müssen klingen. Bei einem Autoschieberprozeß brachte der Strafverteidiger dem

Richter ein Ständchen auf der Mundharmonika dar. Die Luisenkirche am Gierkeplatz ist zu einem Zentrum für *sacro pop* geworden. Am Potsdamer Platz dirigiert Baremboim das Ballett der Kräne. John Cage läßt in seinem «Konzert für Handy» ein paar Dutzend Stimmen gegen das Klingeln von Mobiltelefonen ansingen, und beim allwöchentlichen Mittwochskonzert ertönen pünktlich um 13 Uhr alle Sirenen zu einem Probealarm.

Die mittlere Generation ist mit dem Unterhaltungsangebot zufrieden. Auf die Frage, warum ihm ein Konzert gefallen habe, antwortete ein Besucher: «Wegen die Texte, die Musik, allet.» Fans der Gruppierung «No Brain no Pain» äußern sich kritischer. Besonders erbost sie der Umzug der RTL-Chartshow nach Köln, in ihren Augen ein herber Verlust: «Berlin will Hauptstadt sein und kackt total ab.»

Medien

Die Stadt hat keine überregionale Zeitung, es sei denn, man wollte eine am Hungertuch nagende ehemalige Studentenpostille mitzählen. Doch gibt es ihn noch, den unerschrockenen Großstadtjournalismus, wie ihn vor allem die Zwischenkriegszeit gekannt hat. Immer wieder findet ein Leitartikelschreiber zu der alten Schärfe zurück. In einem Editorial über die Zukunft Berlins heißt es: «Bleibt zu hoffen, daß der immer wieder geforderte Hauptstadtanspruch nicht die vielen Berliner Eigenheiten glattbügelt.»

Viele Journalisten beklagen ihre Arbeitsüberlastung, und so mancher beneidet die Akrobatin aus den zwanziger Jahren, die mit Händen und Füßen vier verschiedene Texte schreiben konnte. Schmerzlich vermißt wird ein Zeitungszar, der mit der Kraft seines übervollen Herzens noch die größte Lüge drucken ließ. Die illustrierte Bildzeitung bleibt unverwechselbar, doch zwischen den übrigen Printmedien haben sich die Grenzen verflüssigt. Die aus dem Hause Springer stammende *B. Z.* gibt auf einer eigenen Szene-Seite Techno-Tips, während das Szeneblatt *taz* sich dem Baustellenjournalismus ergeben hat und die Leserschaft ganzseitig am Berufsalltag eines Kranführers teilhaben läßt, der für eine sehr persönliche Körperfunktion ein Schraubglas mit nach oben nimmt.

Die Abonnenten sind kritisch. Ein Teil möchte sich auf die Lokalinformation beschränken und hält den Auslands- und Deutschlandteil von *Tagesspiegel* und *Morgenpost* für entbehrlich. Nachrichten aus Brandenburg sind sowieso *bad news*. Regen Zuspruch findet nach wie vor der Sportteil. Um das sportinteressierte Publikum lückenlos und objektiv zu informieren, ist die *Berliner Zeitung* eine Medienpartnerschaft mit dem populären Basket-

Eine Bürgerinitiative gegen Rock im Radio

ballclub «Alba» eingegangen. Besonders gehätschelt wird der Bildjournalismus. Überall in der Stadt sind Dunkelkammern eingerichtet.

Die Vielfalt der Medieneinheiten umgreift das *Boletin del Tango* in Steglitz ebenso wie das *MüllMagazin* aus dem Bezirk Tiergarten und die *OrangeAgentur*, eine *Zeitschrift für Jugendkultur und Randale* in Berlin-Mitte. Sollte Heinrich Heine recht gehabt haben und Zeitschriften die Pißecke der Literatur sein? Der in der Kastanienallee redigierte *Störer* versteht sich als *Zeitschrift für Literatur und alles was euch wurscht ist.*

Berühmte Namen aus der Pressegeschichte sind verschüttet, oder man findet sie in sachfremden Zusammenhängen. *Die Weltbühne* heißt ein Restaurant an der Gormannstraße mit fangfrischen Baramundis, Vermicelle und Piemonttrüffeln. Bei den Szeneblättern ist das Techno-Design mindestens so wichtig wie der Inhalt. Das Stadtmagazin *Flyer*, ein *Medium für junge Großstädter auf der*

Suche nach nichts Bestimmten, wird nach dem Bootlegging-Prinzip gestaltet: Design und Schriftzug sind bekannten Markenartikeln nachempfunden.

Der RIAS, nach östlicher Auslegung *R*eaktionär *I*n *A*llen *S*endungen, hat seinen Sitz am Hans-Rosenthal-Platz, benannt nach einem der bedeutendsten Rundfunkpioniere («Das war Spitze!»), und muß sich gegen 35 weitere Sender behaupten, die sich für das ungeübte Ohr in nichts unterscheiden. Lediglich der Sender «Hundert, 6» sticht aus dem akustischen Brei heraus und hat sich deshalb den Ehrennamen «Bildzeitung der Lüfte» erworben.

Die Antennen auf Ostberliner Dächern waren früher auf den Ochsenkopf im Fichtelgebirge ausgerichtet. Der Anstellwinkel verriet, wer das Programm des Klassenfeinds bevorzugte. Heute braucht aus diesem Grund kein Fernsehzuschauer mehr ein schlechtes Gewissen zu haben. Das Problem besteht vielmehr darin, mit Brecht zu reden, daß von den neuen Antennen die alten Dummheiten kommen. In einer von Quotenangst geschüttelten Branche zählen Sendungen mit heimlich aufgenommenen Mitmenschen zu den beliebtesten. Sogar in die Fernsehgeräte der Justizvollzugsanstalt Tegel wurden versteckte Kameras eingebaut.

Die Telefonie ist technisch gesehen auf dem Höchststand. In wenigen Sekunden läßt sich selbst ohne Operator ein Sofortkontakt herstellen. Für Frauen oftmals kostenlos. Eine gewisse Technikfeindlichkeit legen diejenigen Wirte an den Tag, die in ihren Lokalen ein absolutes Handy-Verbot erlassen haben. Gerade berufstätige Frauen sind auf das Mobiltelefon angewiesen. Eine summa cum laude promovierte Journalistin mit zwei Kindern bekannte: «Ohne Handy wäre eine moderne Mutter aufgeschmissen. Ein Anruf von der Oma oder dem Au Pair – und ich bin sofort zu Hause.»

Der Berliner des 19. Jahrhunderts war ein optisch orientierter Mensch. Er liebte seine Dioramen und Pleoramen, seine Camera-clara und den Kinematographen. Der erste bedeutende Film ist in der Friedrichstraße entstanden. Er trug den Titel «Bade zu Hause!». Es folgten «Frauen in Fesseln» und «Hinter Haremsgittern». Dann kamen die ersten Tierfilme mit boxenden Känguruhs in den Uhu-Lichtspielen von Alt-Moabit.

In der DDR ist der Film nachhaltig gefördert worden. Im Zweifelsfall rangierte Film- vor bildender Kunst. In Köpenick übertünchten Soldaten den Mittelteil des Wandbilds «Weltfestspiele 1951», um eine Projektionsfläche für ihre Kinovorführungen zu haben. Pünktlich zur Öffnung der Mauer am 9. November 1989 kam der Film «Coming Out» in die Kinos, eine Botschaft an alle Ausreisewilligen, die nun nicht mehr versteckt zu werden brauchte.

Das Filmschaffen ist fast vollständig durchamerikanisiert. Bei sieben von zehn Highlights der letzten Berlinale mußte man Englisch können.* Der Kinokrieg zwischen Cinestar-Multiplex und CinemaxX wird der Branche schaden, zumal in beiden Häusern nur Mainstreamware aufgeführt wird. Vereinzelt suchen Filme wie «Das Leben ist eine Baustelle» noch die Nähe zum Alltag. Aber die Griffel der Drehbuchschreiber sind stumpf geworden. Die Besucher eines Filmtheaters an der Braunschweiger Straße achten mehr auf die zwölf Wahnsinnsplatzanweiserinnen als auf die Handlung. («Sie kommen als Fremder, und sie gehen als Freund.»)

Aus dem Zentralviehhof am Prenzlauer Berg soll eine Medienzentrale werden. Das ist besser als umgekehrt. Manche bezweifeln die Sinnhaftigkeit elektronischer Me-

* The Thin Red Line; Breakfast of Champions; Shakespeare in Love; Three Seasons; Playing by Heart; Buena Vista Social Club; The Hi-lo Country

dien und die volkswirtschaftliche Bedeutung von Hype. So wie das Fernsehen einmal als kulturelles Nervengas verteufelt wurde, richtet sich jetzt der Widerstand der Ewiggestrigen gegen «die Klickerei». Vor allem diejenigen fühlen sich zurückgesetzt oder ausgeschlossen, die des Englischen nicht mächtig sind. Das Chatten bleibt ihnen unverständlich, in den MUDs fühlen sie sich verloren. Der Cyberspace ist wie der Film so gut wie vollständig amerikanisiert. Als Besucher eines Medienkunstfestivals konnten wir feststellen, daß sämtliche Videos, Trickfilme, Computerspiele, Vorträge und Symposien unter einem englischen Titel angekündigt waren. Bis auf einen. Und der wirkte entsprechend deplaziert: «Jenseits von Maus und Tastatur.»

Morbidität

In Unehren geschwängerte und venerische Weibspersonen sind im 18. Jahrhundert in die Charité eingeliefert worden, die bekannteste Krankenanstalt der Stadt. Der pfiffige Berliner kannte sich aus. Wer eine blaue Droschke durch die Straßen fahren sah, wußte, daß wieder ein Irrsinniger aus dem Verkehr gezogen wurde. Die Nervenklinik der Charité hatte sich ihren Ruf erworben, noch ehe der Verfechter der Euthanasie ihre Leitung übernahm. Im Ostteil der Stadt gelegen, wurde sie zu Mauerzeiten um einen 23stöckigen Neubau erweitert, der den Patienten einen hoch-interessanten Ausblick in den Westen ermöglichte.

Der Gesundheitszustand der Berliner Bevölkerung entspricht dem Stand der allgemeinen Entwicklung. Krätze, Stickhusten und Kinnbackenkrampf konnten vollständig ausgerottet werden. Die Lustseuche tritt nur noch als berlintypischer *Ulcus molle* auf. Die Männerheilkunde hat große Fortschritte erzielt, allerdings ist in letzter Zeit eine Zunahme der Enddarmerkrankungen und der Verletzungen am Perineum zu beklagen. Dank neuer ethnomineralogischer Erkenntnisse können Gallensteine wirksamer bekämpft werden als zuvor. Hier hat sich die interdisziplinäre Zusammenarbeit bewährt. Etwas beunruhigend ist das Ansteigen der Fälle von Shigellenruhr und von Schwerhörigkeit bei bestimmten Berufsgruppen. Die Versorgung der Geschwulstkranken ist gewährleistet. Bösartige Neubildungen machen nur noch 22 Prozent der Todesfälle aus. Man erwartet sich vom Abriß des Palastes der Republik einen weiteren Rückgang dieses Krankheitsbildes. Der Palast wird wegen des hohen Gehalts an Spritzasbest im Volksmund auch La Canceria genannt.

Die medizinische Versorgung in den einzelnen Stadtbezirken fällt unterschiedlich aus. In Friedrichshain ist die Leberzirrhose zehnmal häufiger als in Zehlendorf. Bei den Schlaganfällen rangiert Pankow weit hinter Kreuzberg. Bei der Impfung von Kindern liegt der Bezirk Mitte vorn, ohne daß hierfür ein Grund zu erkennen wäre. In Prenzlauer Berg kommen 27 Krankenhausbetten auf 10000 Einwohner, in Zehlendorf sind es 259. Jeweils ohne Chroniker. Friedrichshain rühmt sich eines Diphteriepavillons. Das Schöneberger Angstzentrum bietet ein U-Bahn-Training an und bereitet auf den Besuch bei einem der 3866 Zahnärzte vor. In Neuköllns Delbrückstraße steht «das andere Krankenhaus», was nicht heißen soll, daß es bloß zweie gibt.

Die sozialhygienischen Grundbedingungen variieren ebenfalls von Bezirk zu Bezirk. Man spricht von einem «Charlottenburger», wenn sich jemand ohne Zuhilfenahme eines Taschentuchs schneuzt. Eine mustergültige Desinfektionsanstalt befindet sich am Mittelbuschweg. Ein Studio an der Mommsenstraße hat sich auf die Reinigung von Dildos verlegt. Bis auf die Badstraße im Wedding mit ihren fettigen, fleckigen Gehsteigen haben sich die städtischen Hygieneverhältnisse insgesamt gebessert. In Ostberlin liegen nur noch 2,6 Prozent der Toiletten außerhalb der Wohnung. In Sachsen sind dies über 23 Prozent! Somit ist die ehemalige Hauptstadt der DDR, was den Abtritt anlangt, besser gerüstet als das übrige Beitrittsgebiet.

Ein Patient fragte seinen Doktor, was er gegen die Gicht tun könne. «Wenig Fleisch essen und Alkohol meiden», riet der Arzt. «Was bin ich Ihnen jetzt schuldig?» fragte der Patient. Darauf der Arzt: «Gar nischt, da allet nischt nitzt.» Ein anderer Patient erkundigte sich nach dem Laborbefund und erhielt zur Antwort: «Wenn Se een Pferd wären, würd ick Se erschießen lassen.» Derlei Erlebnisse haben unter der Bevölkerung gegenüber der Schulmedizin eine gewisse Skepsis erzeugt, die aus Kindermund am glaubwürdigsten klingt. Auf die Frage nach dem Namen des Hausarztes erwiderte eine Waise: «Gar keener, Mutter is so gestorben.» Das Mißtrauen gegen Mediziner öffnete in der Geschichte Scharlatanen und Wunderheilern Tür und Tor. Joseph Weißenberg hatte ein Allheilmittel entdeckt, das nicht nur gegen Stirnhöhlenvereiterung und Hornhautgeschwüre helfen sollte, sondern obendrein gegen Drüsenkrebs und Knochenfraß: weißer Käse, auch Quark genannt.

In der heutigen Zeit gibt es noch den einen oder anderen Geistheiler, doch wird man sich eher an einen Alternativmediziner wenden, an die Naturheilpraxis in der Invalidenstraße oder den HIV-Experten am U-Bahnhof Gesundbrunnen. Die Praxis für Atemtherapie in Zehlendorf erreicht der Patient über 20 Treppenstufen im Anwesen an der Wilskistraße.

Selbsthilfegruppen wie die Rheumagruppe Neukölln oder die Arbeitsgemeinschaft Schmerzbewältigung in der Suchlandstraße stützen sich gegenseitig bei der Bekämpfung ihrer Leiden. In fast allen Stadtvierteln kann man sich einer Tiefengewebs- oder einer Fußreflexzonenmassage unterziehen. Akupressurmassagen sind sogar in bekleidetem Zustand erhältlich. In der Stubenrauchstraße ist eine Suggestopädie gefällig, und in der Hagelberger Straße werden einem Wege zur Selbstvergessenheit gewiesen. In der Charlottenburger Praxis für Trance erlernt man die Fähigkeit, sich auf eine Trancereise zu begeben, ohne sich von der Stelle zu rühren, eine Fähigkeit, die in Ostberlin zu Mauerzeiten noch gefragter gewesen wäre. Rebirthing, Flamenco Energetic, Trothabbalah und die Meditation auf einem inneren Licht- und Tonstrom vervollständigen den Therapieplan. In der kleinen Halle der 5. Grundschule von Friedrichshain kann man sich abends mit der Methode des «Russisch Elitären» vertraut machen. Soweit wir es verstanden haben, werden da Yoga, Zen und Castañeda zu einem Paket geschnürt.

Neuen Heilungsbedarf wecken Videoholiker und Messies. Messies sind krankhafte Sammler, die ein Chaos aus Gegenständen um sich errichten und in ihren Wohnungen keine Ordnung halten können. Die «Anonymen Messies» treffen sich jede Woche in einem ehemaligen Waschhaus am Neuköllner Löwensteinring.

Die Hektik der Großstadt hat seit jeher der menschlichen Gesundheit ihren Tribut abverlangt: Harnstottern, Angst vor der Zahl 13*, Phobophobie. Im alten Irrenhaus an der Krausenstraße – unweit der Axel-Springer-Straße – wurden früher in massiven Bauten «rasende und wahnwitzige Leute curirt und gehalten». Wer nur verrückt war, aber nicht rasend, durfte tagsüber frei herumlaufen. Rasende steckte man nachts in Kästen. Ähnlich die Hausregeln für Geisteskranke an der Pankower Ahornallee. Das moderne Krankenhaus für Neurologie und Psychiatrie in Lichtenberg – vormals Irrenanstalt Herzberge – kennt wirksamere Therapien, auch wenn dies in der Bevölkerung noch nicht überall gewürdigt wird und Psychiater als «Spezialisten für Macken aller Art» belächelt werden. In Friedrichshain wären wir ums Haar von einer anti-psychiatrischen Kampagne überrollt worden. Die «Irren-Offensive e. V.» will die psychiatrischen Ketten abstreifen und ein Weglaufhaus für Verrückte bauen.

Zum 750jährigen Stadtjubiläum fand in Pankow ein Festumzug statt. Die Bewohner stellten in historischen Gewändern Szenen aus der Stadtgeschichte nach. Das Motiv «Die Pest geht um» wurde von der LPG «Frohe Zukunft» gestaltet. Pankow scheint aus medizinischer Sicht ein interessantes Pflaster zu sein. Es soll dort ein selt-

* die sog. Triskaidekaphobie

sames Spiel der Natur gegeben haben, einen Mann ohne Hirn. Das eigentliche Medizinhistorische Museum befindet sich in der Charité. In der Ausstellung «Die Welt des Monströsen» werden Mißbildungen aller Art gezeigt. Wir zogen es jedoch vor, dieserhalb nicht gleich ein Museum aufzusuchen.

Mortalität

Den Tod erlebt man nicht, sagte Wittgenstein. Daß dies für den Scheintod nicht gilt, bezeugten diejenigen, die im königlichen Leichenschauhaus aufwachten. Das preußische Oberkollegium Sanitatis hat schon früh abgestufte Richtlinien erlassen, auf welche Weise Tote von Scheintoten zu unterscheiden seien. Weniger sichere Kennzeichen sind, wenn die Kinnlade herunterhängt, der After offensteht und auf Kitzeln und kaltes Wasser keine Reaktion erfolgt. Sicherer ist ein Guß kochendes Wasser auf die entblößte Herzgrube bis zur Blasenbildung; ein Tabakklistier in den Mastdarm zu stecken; Insekten in den Gehörgang zu plazieren oder Blutegel an den Augenwinkeln anzusetzen. Als sicherste Methode wurde empfohlen, den Toten drei bis vier Tage aufzubahren, bis sich «der wahre Leichengeruch» einstellte, die faulenden Säfte aus allen Körperöffnungen flossen und der Unterleib eine grünlich-schwärzliche Färbung annahm. Trotz dieser an sich untrüglichen Kriterien wurde am 10. Februar 1835 noch ein Patent angemeldet, das verhindern sollte, daß Menschen lebendig begraben werden: ein Sarg mit einem Fenster, das sich von innen öffnen ließ. Diese Erfindung wurde vom kaiserlichen Patentamt in der Klasse «hauswirtschaftliche Geräte» registriert.

Noch heute verlangt der Berliner Gewißheit, weshalb er von einer toten Leiche spricht. Dem Faktum Tod selbst blickt er mit Gelassenheit, wenn nicht Verachtung ins Auge. Aus dem alten Galgen vom Wedding zimmerte sich ein Privatmann ein Wohnhaus. Im Leben wie im

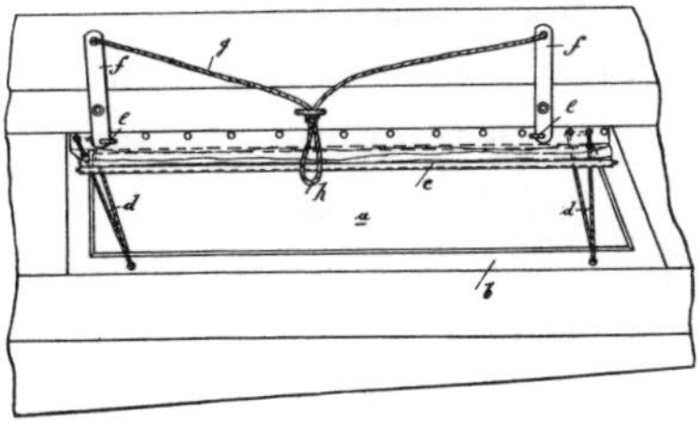

Sterben: Bei der *Ars moriendi* gibt's kein Getue nicht. Wenn jemand «abnibbelt», dann war's das eben. «Bums hat se jemacht und jesterbt war se.» In Schöneberg klingelte eine Hausfrau bei der Nachbarin: «Kommen Se doch spaßeshalber rüber, ick jloobe mein Mann is doot.» Die Nachbarin erkundigte sich nach der Todesursache. Eine Grippe. «Na, dann war et ja nischt ernstet.»

Ein entspanntes Verhältnis zum Tod zeigte ein Zirkusdirektor am alten Potsdamer Platz, der die Frage nach einer freien Dompteurstelle so beantwortete: «Zur Zeit nich, aber kommen Se morjen ma wieda.» Diese Haltung hat sich bis in die Gegenwart hinein erhalten. Vom Unfalltod einer britischen DJane berichtete eine Stadtzeitschrift unter der Rubrik *Kurz und schmerzlos*. Die gute Frau war mit ihrem Wagen von der Straße abgekommen. Ähnlich der Wohnungsvermieter, der dunkle Flecken an der Zimmerdecke auf den Vormieter, einen Chemiestudenten, schob. «Und das sind die Chemikalien?» fragte der Wohnungssuchende. Darauf der Vermieter: «Ach wat, Schemikalien, det is der Student.»

Todesanzeigen lassen in ihrer Lakonik den Schluß zu, daß die Endlichkeit des Seins als eine unvermeidliche Tatsache hingenommen wird:

Klaus ist tot.
Er starb bei Sonnenaufgang
nach der Love Parade
Schade.

Die Tagespresse ist nicht untröstlich, daß von den anderthalb Millionen Teilnehmern an der Love Parade der eine oder andere den Event nicht überlebt. «Wenn die Menschen in dieser Zeit Auto gefahren wären, hätte es mehr Tote gegeben.»* Außerdem können auch völlig

* Tagesspiegel vom 13. Juli 1999

spießige Unternehmungen tödlich enden. Ein älterer Besucher aus dem Schwabenland bezahlte den aufregenden und anstrengenden Rundgang durch den neuen Reichstag mit dem Leben.

Die Sterbestatistik wird ohne Totgeborene geführt. Auf 100000 Einwohner kommen 16,8 Selbstmörder und 0,8 Aidstote. In der Homosexuellenzeitschrift *Siegessäule* werden gleich neben den Todesanzeigen für HIV-Opfer «Bestattungen in allen Preislagen» angeboten. Eine große Versicherung nutzt synergetische Effekte und hat in ihrer Hauptverwaltung ein Bestattungsunternehmen untergebracht. «Da brummt der Laden», bemerkte einer unserer Gewährsleute mit einem Anflug von Sozialneid. Die Überalterung der Bevölkerung – wie soll man sagen – belebt das Geschäft. Nur die Leichenträger murren, wenn zu viele auf einmal den Leidenskelch bis auf die Hefe leeren: «Fünf Leichen an einem Tag und eine bis hinter Rixdorf.» Die Sterbeklage wird knapp gehalten. Trauergäste drücken den Hinterbliebenen ihr innerstes Beinkleid aus, beißen auf die Trauerzitrone und halten sich an die überlieferte Regel «Spaß muß sein bei der Leiche, sonst geht keiner mit.»

Tod, wo ist dein Schrecken, fragt man sich auf den Friedhöfen von Frohnau bis zum Waidmannsluster Damm. In Berlin herrscht Friedhofszwang. Jeder Bürger hat Anspruch auf 3,1 Quadratmeter Friedhofsfläche, doch gibt es keine festen Bestattungsbezirke, weshalb man unter den 190 Begräbnisanlagen frei wählen kann. Eine hygienisch unbedenkliche Totenbestattung ist überall gewährleistet. Friedhöfe bilden ruhige Pole im Getriebe der Großstadt – Stichwort: Totenstille – und erfüllen mit ihrer Flora eine lufthygienische Funktion. Die Gräber sind unterschiedlicher Qualität und Ausstattung. Auf Leichenpomp wird meist verzichtet. In die erste Gruft mit elektrischem Licht wurde ein wohlhabender Mann namens Bolle gelegt.

Jakob Grimm hatte bereits anno 1849 einen Essay «Über das Verbrennen der Leichen» vorgelegt, doch war Preußen noch nicht bereit für diese Art der Bestattung. Die erste Einäscherungshalle wurde 1912 im Wedding ihrer Bestimmung übergeben, heute eine leistungsfähige Anstalt mit Dreischichtbetrieb an vier Öfen. Die Leichengase werden mit Heizgas vermischt, doch ist eine Sortierung der Aschen garantiert. Der hohe Schornstein entspricht freilich nicht mehr moderner Pietät.

Von Krematorien versprach man sich einen geringeren Flächenverbrauch, doch kam es noch vor dem Zweiten Weltkrieg zu Platzmangel, so daß die Belegungsdichte erhöht werden mußte. Eine ausgewachsene Friedhofskrise war zum Jahreswechsel 1969/70 fällig. Wegen einer Krankheitswelle, vier arbeitsfreien Tagen und hart gefrorenen Böden reichten die Sargabstellplätze nicht mehr aus; man mußte auf eine Fabrikhalle ausweichen. Durch den Ankauf von Gräberbaggern und eine neue Kranzverbrennungsanlage im Waldfriedhof Zehlendorf entspannte sich die Lage im Westteil, während in Ostberlin eine weitere Verknappung eintrat, denn dort hatten mauernahe Grabstätten einem Todesstreifen ganz anderer Art weichen müssen. Das Gerücht, bald müßten in ganz Berlin Senkrechtbestattungen eingeführt werden, konnte mit einem novellierten «Gesetz über das Leichen- und Bestattungswesen» als haltlos entlarvt werden. Ab jetzt galt ein einheitliches Rastermaß. Jeweils zwei Reihen sterblicher Hüllen konnten ohne Zwischenweg Kopf an Kopf gebettet werden. Standardisierte Maße für Urnenreihengrabstätten, Urnensondergrabstätten und Urnengemeinschaftsgrabstätten entproblematisierten Erstbezug und Umbettung.

Stark im Kommen sind anonyme Bestattungen. Fast jedes dritte Begräbnis findet ohne Grabstein und Trauerfeier statt – express und ohne Getue verewigt. Der Berliner Mutterwitz hält sowieso den Verwaltungsbau am Fehrbelliner Platz für den größten Friedhof. Dort ruhen 4000 Beamte.

Traditionsbrauereien siedelten sich gerne neben Totenäckern an. Dort lag der Grundwasserspiegel tief, und man konnte mit einer guten Wasserqualität rechnen. Außerdem zog es die Trauergäste nach dem Begräbnis in die Biergärten, um dort ihren Kummer zu ertränken oder, redensartlich, das Fell zu versaufen. Beim Stralauer Fischzug, einem populären Volksfest, ging es umgekehrt her. Weil sich das Festgelände meist als zu klein erwies, dehnten sich die geselligen Runden auf den nahegelegenen Friedhof aus. Picknickutensilien und Kochgeräte wurden auf den Gräbern abgestellt, ohne daß jemand vom Todesschauder ergriffen worden wäre.

Furchtlos und ohne sich zu zieren betritt der Berliner den Todespfad. Nur wenn die Gattin verspricht «Ach, ich werde dir bald folgen», bäumt sich der Sterbende noch einmal auf und stößt mit letzter Kraft hervor: «Et eilt nicht.»

Wuppdizität

Der Ausdruck «allerhöchste Eisenbahn» stammt aus Berlin. Einer der erfolgreichsten Schriftsteller der Stadt achtet darauf, beim Besteigen der S-Bahn immer genau die Waggontür zu wählen, die ihn am Zielbahnhof an der Rolltreppe ankommen läßt. Auf diese Weise spart er mehrere Minuten Zeit. Einem auswärtigen Kunsthistoriker wollten die Berliner wie eine «yankeehaft hastende Millionenbevölkerung» vorkommen. Schlimmer noch, der Fremde wird genötigt, sich dem amerikanischen Tempo anzupassen. *Rumpf's Fremdenführer* verspricht, dem Besucher alle Sehenswürdigkeiten «in der kürzesten Zeit» zu zeigen.

Carl Sternheim hatte es seinerzeit schon richtig erkannt. In Berlin waren Sinn und Zweck eines Vorhabens weniger wichtig als das in ihm erreichte Tempo. Schneller als ein Gedanke war damals ein Berliner Droschkenpferd, denn wenn man dachte, es fällt, dann lag es auch schon. «Nu machen Se ma hinne», forderten die Menschen sich gegenseitig auf. Es mußte nur so flutschen. Der Idealwert war eine Wuppdizität von Null komma null.

Die Teilung der Stadt hat an der geschilderten Einstellung zunächst nichts geändert. Im freien Westen hieß es dalli dalli, und im Osten kannte jeder die Bedeutung von dawai, dawai, rabotai.* Als die Mauer weg war, galt es keine Zeit zu verlieren. Eine Firma kaufte gleich am nächsten Tag unbebautes Land an der Stadtgrenze. Wer zuerst kommt, mahlt zuerst.

Symptome der Americanitis begegneten uns während unserer Feldstudien auf Schritt und Tritt. Ein Fußballclub heißt Rapide Wedding, eine Tänzerin Ilse Hurtig. Ein

* schnell, schnell, arbeite!

Charlottenburger Theater führt Shakespeares Sämtliche Werke binnen 90 Minuten auf. Die Ursachen der beschleunigten Lebensform liegen begründet in der Lage der Stadt auf 52° 31' 12" nördlicher Breite und 13° 24' 36" östlicher Länge. Damit hinkt Berlin sechs Minuten und 22 Sekunden hinter der Mitteleuropäischen Zeit her. Die geopsychologische Folge ist eine permanente Aufholjagd. Wegen des ständig sich selbst überholenden Lebensstils wähnt der geborene Berliner, außerhalb seines Gemeinwesens herrsche Stillstand. Als lästiges Epiphänomen empfanden wir den Umstand, daß der Einheimische davon überzeugt ist, seine alten Witze wären anderswo seit 100 Jahren unbekannt.

Der erste Nachkriegsbürgermeister der Stadt war seiner Zeit noch voraus, als er sagte: «Berlin selbst ist mir höchst unsympathisch. Staub und entsetzlich viele Menschen, die alle rennen, als ob die Minute 10 Mark kostet.» Heute gibt es sanfte Anzeichen für eine Entschleunigung der Lebensvorgänge und ein Nachlassen der Hektik. Die Epoche, da die Briefkästen 13 mal täglich geleert wurden, ist unwiederbringlich dahin. Auf den zahlreichen Trödelmärkten wird hauptsächlich die Zeit vertrödelt. Von den Baustellen klingt manchmal noch der Ruf herüber «Beeil dich, der Gips wird schon fest», doch zum Erstaunen älterer Bürger wird in Schanghai zwanzigmal schneller gebaut als in der neuen deutschen Hauptstadt. Dallidalli könnte bald so tot sein wie der Moderator gleichnamiger Sendung. Der Wuhletaler Carnevalsverein ignoriert die Mitteleuropäische Zeit und feiert Fasching volle vier Tage nach Aschermittwoch.

Im Wandel der Zeit wird die Klappstulle zum Baguettesandwich. Der Laugenbrezellieferant legt sich eine Internetadresse zu. Nur in der Friedrichstadt gibt es noch eine Bäckerin, die den Laden um 5 Uhr 30 (morgens) aufmacht, aber die Seigneurs der Zeitgeschichte und die

Häupter der literarischen Salons wollen wissen, daß das Leben sich immer weiter in die Nacht hinein verlagert. Da wir an robusten Ergebnissen interessiert waren, haben wir uns an solchen Spekulationen nicht beteiligt. Ob aus der Hauptstadt ein Labor der Zukunft wird oder gar ein Kompetenzzentrum für Mittel- und Nordeuropa, steht in den Sternen. Aus ethnologischer Sicht kann man einigermaßen zuverlässig vorhersagen, daß die Berliner – außer in den Randbezirken – nicht zur asymmetrischen Kreuzbasenheirat zurückkehren werden. Der Lippenpflock wird aller Voraussicht nach nicht so ausgeweitet, daß plötzlich in Dahlem ebenso viele Entenschnabelweiber herumlaufen wie im Tschad. Doch sind wir Ethnologen keine Zukunftsforscher.

Es war Zeit geworden, dem Risiko des *going native* zu entgehen. Als wir die Stadt verließen, taten wir dies in dem Bewußtsein, unser forscherisches Können ausgereizt zu haben und Berlin wieder sich selbst überlassen zu dürfen.

Weiterführende Literatur

Amur bin Nasur, *Bericht über alles, was ich in Berlin gesehen habe,* Berlin 1981 (1894)

Die Berliner Bulette, Berlin 1981

Borowski, Kurt, *Linienführung – Lebensweg eines Westberliner Polizisten,* Berlin 1999

Bruch, A., *Kurzschnabelgans und Weißwangengans in Berlin,* Ornithologische Mitteilungen, 15, 1963

Büttners Berliner Rechenbuch, Leipzig 1928

Budek, Josef, *LAV – letzte außerwissenschaftliche Verglimpfung der DDR-Wortpraxis,* Berlin 1996

Feldhaus, F. M., *Ka-Pi-Fu und andere verschämte Dinge,* Berlin-Friedenau 1921

Gassen=Reglement wie es in den königl. Residentzien wegen Reinigung derer Straßen und mit denen Gassen=Karren gehalten werden soll, Berlin 1735

Gmünder, Bruno, *Berlin von hinten,* Berlin 1997

Käse's Führer durch Berlin, Berlin o. J.

Leitfaden zur Vermeidung und Verwertung von Abfällen bei Großveranstaltungen, hrsg. von der Senatsverwaltung für Stadtentwicklung, Umweltschutz und Technologie, Berlin 1996

Marquales, Robert, *Als Walter Ulbricht einmal offen tanzte – eine Kulturgeschichte der Zone,* Bitterfeld 1997

Meyer, A. R., *Des Herrn Munkepunkes Bowlenbuch,* Berlin 1964

Röhrmann, Carl, *Der sittliche Zustand von Berlin nach Aufhebung der geduldeten Prostitution des weiblichen Geschlechts,* Leipzig 1980 (1846)

Rosenberg, K.-P., *Der Berliner Dialekt – und seine Folgen für die Schüler,* Tübingen 1986

Schoeller, Wilfried F., *Nach Berlin!* Mainz 1971

Streckfuß, Adolph, *Vom Fischerdorf zur Weltstadt,* Berlin 1864

Strippeknall, Hans v., *Das brave Schlächter=Gewerk in Berlin,* Berlin 1796

Thurnwald, Richard, *Der Mensch geringer Naturbeherrschung und sein Aufstieg zwischen Vernunft und Wahn,* Berlin 1950

Tschirner, Anton, *15 Jahre Krematorium Berlin-Wedding,* Berlin 1937

Voigt, F. W., *Über die Ausleerung der Latrinen großer Städte mit besonderem Bezug auf die desfallsigen Verhältnisse in Berlin,* Erlangen 1859

Bildnachweis

Seite 18: Foto: Sven Simon, Essen
Seite 20: geobook.html
Seite 21: Archiv R.W.B. McCormack
Seite 31: Peter Schlobinski, Stadtsprache Berlin, De Gruyter Verlag, Berlin 1987
Seite 37: Foto: Jürgen Henkelmann, Berlin
Seite 39: Foto: R.W.B. McCormack
Seite 40: Foto: Günter Peters, Berlin
Seite 42: Foto: Markus Wächter, Berlin
Seite 47: Archiv R.W.B. McCormack
Seite 48: Foto: Eberhard Schade, Berlin
Seite 49: Maria Berning u.a.: Berliner Wohnquartiere. Ein Führer durch 60 Siedlungen in Ost und West, Dietrich Reimer Verlag, 2. Auflage, Berlin 1994
Seite 51: Foto: Günter Schneider, Berlin
Seite 55: Foto: Stefan Nowak, Köln
Seite 63: Foto: J.H. Darchinger, Bonn
Seite 71: Foto: R.W.B. McCormack
Seite 79: Archiv R.W.B. McCormack
Seite 100: Foto: Bildarchiv Preußischer Kulturbesitz, Berlin
Seite 105: Foto: R.W.B. McCormack
Seite 107: Senatsverwaltung für Stadtentwicklung, Umweltschutz und Technologie, Berlin
Seite 110: Berliner Zeitung/Foto: Christian Schulz
Seite 114: A. Bruch, Vögel in Berlin, Berlin 1978
Seite 117: Foto: Boris Klinge, Berlin
Seite 122: Foto: dpa/Peer Grimm
Seite 132: Foto: Jürgen Henkelmann, Berlin
Seite 140: Foto: R.W.B. McCormack
Seite 147: Foto: Litwin, Munich & Partner, Berlin
Seite 152: Foto: Gisela Dutschmann, Berlin
Seite 157: Fotos: R.W.B. McCormack
Seite 168: Foto: R.W.B. McCormack
Seite 176: Foto: Uwe Steinert, Berlin
Seite 185: Archiv R.W.B. McCormack

Straßen und Bezirke

Anzeigen